EL CELIBATO APOSTÓLICO

Y la resurrección de la carne

TEOLOGÍA DEL CUERPO (III)

EDICIONES PALABRA
Madrid

1ª edición, marzo 1995
2ª edición, diciembre 1996
3ª edición, octubre 2003
4ª edición, abril 2012
5ª edición, febrero 2022
6ª edición, junio 2025

© Ediciones Palabra, S.A., 2025
Ronda del Caballero de la Mancha, 59 - 28034 MADRID (España)
Telf. (34) 91 350 77 20 - (34) 91 350 77 39
www.palabra.es
palabra@palabra.es

© Traducción: L´Osservatore Romano en español

ISBN: 978-84-1368-476-5
Depósito Legal: M-12872-2025
Printed in Spain - Impreso en España

Juan Pablo II

EL CELIBATO
APOSTÓLICO

Y la resurrección de la carne

TEOLOGÍA DEL CUERPO (III)

Prólogo:
Juan José Espinosa

SEXTA EDICIÓN

LIBROS
Palabra

NOTA DEL EDITOR

Al culminar su fecundo pontificado, se ha puesto aún más de relieve la originalidad y el valor innovador de las enseñanzas del beato Juan Pablo II sobre el sentido del amor humano en los planes de Dios, lo que se conoce como su *teología del cuerpo*.

El Papa escribió y leyó personalmente estos discursos en las audiencias generales de los miércoles, entre 1979 y 1984. Ediciones Palabra los ha publicado en cuatro volúmenes: *Varón y mujer* (teología del cuerpo, I), *La redención del corazón* (teología del cuerpo, II), *El celibato apostólico* (teología del cuerpo, III) y *Matrimonio, amor y fecundidad* (teología del cuerpo, IV).

Este tercer volumen de la teología del cuerpo recoge, en nueve capítulos, los discursos de Juan Pablo II sobre la resurrección de la carne y, a continuación en catorce capítulos, los restantes discursos sobre el sentido de la virginidad cristiana. Las continuas rediciones de estos volúmenes son índice significativo del interés que siguen despertando estas enseñanzas del beato Juan Pablo II.

Juan José Espinosa
Director de *Libros-Palabra*

PRÓLOGO

El mundo necesita, para ser conformado según los planes de Dios, que los hombres y mujeres sepamos amar, que nos entreguemos. Esa donación, que es fruto del amor, es, al mismo tiempo, acorde con nuestra naturaleza, hecha a imagen y semejanza de un Dios que es Amor, que nos ha mostrado su amor precisamente entregándose, tomando carne humana en las entrañas virginales de una mujer, y siendo plenamente humano, con un cuerpo que ha sabido consolar y sufrir por amor. Jesús es el modelo del amor más grande, del que da la vida por sus amigos.

Cristo nos explica cómo fue pensado el matrimonio por Dios desde el principio, y nos lo propone como un medio de santificación, un sacramento, pero, a la vez, nos habla del celibato por el reino de los cielos, del valor de la virginidad. ¿Cómo es posible conciliar ambas cosas? ¿Qué sentido puede tener hoy recordar que el celibato apostólico sigue teniendo un valor grandísimo para la Iglesia? ¿Hasta qué punto puede decirse que es camino de imitación de Jesucristo para varones y mujeres que no participan del sacerdocio ministerial ni de la vida consagrada de los religiosos?

Entender el valor de la virginidad por amor al reino de los cielos, requiere, precisamente, entender algo de ese reino, de nuestra vida glorificada, y, en concreto, del papel del cuerpo humano en el cielo. Por eso, necesitamos que el Papa nos introduzca en las páginas del Evangelio que tratan de estos temas.

En la antropología cristiana sólo se concibe que pueda ser feliz el hombre que se reconoce creado por Dios, redimido por Él, y destinado a gozar eternamente de

Dios en la gloria del cielo. Y es en ese contexto donde se alcanza a entender, en toda su belleza y trascendencia, los dos canales fundamentales en los que se expresa el amor humano: el matrimonio y la virginidad.

Como es habitual, el Papa se ciñe en sus enseñanzas completamente a la Sagrada Escritura, leída en la Tradición viva de la Iglesia, de tal manera que estas catequesis son casi un comentario exegético, que nos transmite con toda su fuerza sobrenatural la Palabra de Dios. Si Jesús nos explica la naturaleza y características del matrimonio remitiéndonos al *principio*, al relato de la creación recogida en el Génesis, es hablándonos del *fin* –de cómo vivirán los varones y las mujeres tras la resurrección de la carne– como nos habla de la virginidad, de ese don que sólo algunos reciben y que tiene una relación directísima con el reino de los cielos.

Juan Pablo II glosa con profundidad, en la primera parte de este libro, el diálogo de Jesús con los saduceos, que le plantean –como una justificación de su incredulidad en la resurrección de la carne– las complicaciones que tal acontecimiento traería para la mujer que, en virtud de la aplicación de la ley mosaica, se hubiese casado con siete hermanos y se encontrase en el Cielo con siete maridos. En la segunda parte, el Papa centra, principalmente, su atención en el pasaje del Evangelio que nos muestra a Jesús conversando con los fariseos, que le interrogan acerca de la indisolubilidad del matrimonio, así como en las Cartas de San Pablo.

Pero, además, Juan Pablo II recoge en estas enseñanzas –las primeras tras recuperarse de su atentado del 13 de mayo de 1981– el eco de aquel gran Sínodo de los Obispos que se celebró en Roma en otoño de 1980, dedicado a la misión de la familia cristiana en el mundo actual. En efecto, su Exhortación Apostólica postsinodal *Familiaris consortio* (22 de noviembre de 1981) coincide cronológicamente con el comienzo de su catequesis sobre la resurrección de la carne y el celibato apostólico que recogemos en este volumen. Es por ello especialmente significativo comprobar que en ese cántico a la familia cristiana, el Romano Pontífice quiso expresamente destacar el papel de la virginidad en la Iglesia, dedicando el número 16 de la *Familiaris consortio* a realzar el valor del celibato apostólico.

Matrimonio y virginidad son dos modos de amar a Dios y al prójimo. Los dos llevan a la santidad; sin embargo, cada persona se santifica respondiendo con generosidad a las gracias recibidas de Dios, que pide más a quien más otorga, y que de todos espera que hagan rendir al máximo sus talentos. A algunos, como a María, a José, al Bautista, a Juan, a Pablo..., les pide que le dediquen todo su corazón y energías a Él y a la misión que les confía. Por eso, con toda claridad recuerda ese número de la *Familiaris consortio* que «la virginidad testimonia que el Reino de Dios y su justicia son la perla preciosa que se debe preferir a cualquier otro valor aunque sea grande, es más, que hay que buscarlo como el único valor definitivo. Por eso, la Iglesia, durante toda su historia, ha defendido siempre la superioridad de este carisma frente al del matrimonio, por razón del vínculo singular que tiene con el Reino de Dios». Y remite en nota a pie de página a lo ya expuesto por Pío XII en la Encíclica *Sacra virginitas*.

«La virginidad y el celibato por el Reino de Dios –insiste el Papa en la Exhortación postsinodal– no sólo no contradicen la dignidad del matrimonio, sino que la presuponen y la confirman. El matrimonio y la virginidad son dos modos de expresar y de vivir el único Misterio de la Alianza de Dios con su pueblo».

Juan Pablo II pone de relieve, en el mismo número 16 de la *Familiaris consortio*, que, «cuando la sexualidad humana no se considera un gran valor donado por el Creador, pierde significado la renuncia por el Reino de los cielos. En efecto, dice acertadamente San Juan Crisóstomo: 'Quien condena el matrimonio, priva también a la virginidad de su gloria; en cambio, quien lo alaba, hace la virginidad más admirable y luminosa. Lo que aparece un bien solamente en comparación con un mal, no es un gran bien; pero lo que es mejor aún que bienes por todos considerados tales, es ciertamente un bien en grado superlativo' (S. Juan Crisóstomo, *La virginidad*, X: PG 48, 540)».

También la relación entre celibato apostólico y resurrección de la carne es abordada por la *Familiaris consortio* al subrayar que «en la virginidad el hombre está a la espera, incluso corporalmente, de las bodas escatológicas de Cristo con la Iglesia, dándose totalmente a la Iglesia con la esperanza de que Cristo se dé a ésta en la plena verdad de la vida eterna. La persona virgen anticipa así en su carne el mundo nuevo de la resurrección futura (cfr *Mt* 22, 30)» (n. 16).

Por otra parte, el reino de Dios, iniciado ya en este tiempo por la presencia de la gracia en la vida de la Iglesia y en la vida de los cristianos, se extiende no sólo a través de la fecundidad del matrimonio cristiano, sino también gracias a la generosa entrega de quienes, como la Virgen María, están del todo dispuestos a servir a los planes divinos de redención. Y así resalta el Papa que «aun habiendo renunciado a la fecundidad física, la persona virgen se hace espiritualmente fecunda, padre y madre de muchos, cooperando a la realización de la familia según el designio de Dios. Los esposos cristianos tienen pues el derecho de esperar de las personas vírgenes el buen ejemplo y el testimonio de la fidelidad a su vocación hasta la muerte. Así como para los esposos la fidelidad se hace a veces difícil y exige sacrificio, mortificación y renuncia de sí, así también puede ocurrir a las personas vírgenes. La fidelidad de éstas incluso ante eventuales pruebas, debe edificar la fidelidad de aquéllos» (*Familiaris consortio*, n. 16)

No tendría, pues, la visión cristiana de la persona humana quien ignorase o despreciase la doctrina que profesa la Iglesia acerca de la resurrección de la carne y de nuestra vida en el reino de los cielos, y tampoco la comprendería en toda su plenitud quien desconociese el valor grande que tiene para toda la humanidad que algunos varones y mujeres, a imitación de Jesús, renuncien al santo sacramento del matrimonio, si han recibido el don que les hace capaces de entender que pueden dedicar todas las energías del alma y del cuerpo al Señor y a la extensión de su reino, ya sea en la vida consagrada, ya en medio del mundo como ciudadanos corrientes.

Juan José Espinosa
Director de *Libros-Palabra*

PRIMERA PARTE

LA RESURRECCIÓN DE LA CARNE

Capítulo I
JESÚS HABLA CON LOS SADUCEOS*

1. Reanudamos hoy, después de una pausa más bien larga, las meditaciones que veníamos haciendo desde hace tiempo y a las que hemos llamado reflexiones sobre la teología del cuerpo.

Al continuar, conviene ahora que volvamos de nuevo a las palabras del Evangelio, en las que Cristo hace referencia a la resurrección: palabras que tienen una importancia fundamental para entender el matrimonio en el sentido cristiano y también «la renuncia» a la vida conyugal «por el reino de los cielos».

La compleja casuística del Antiguo Testamento en el campo matrimonial no sólo impulsó a los fariseos a ir a Cristo para plantearle el problema de la indisolubilidad del matrimonio (cfr Mt 19, 3-9; Mc 10, 2-12), sino también a los saduceos en otra ocasión para preguntarle por la ley del llamado levirato[1]. Los sinópticos relatan concordemente esta conversación (cfr Mt 22, 24-30; Mc 12,18-27; Lc 20, 27-40). Aunque las tres redacciones sean casi idénticas, sin embargo, se notan entre ellas algunas diferencias leves,

---

* Audiencia General (11-XI-1981).

[1] Esta ley, contenida en el Deuteronomio 25, 7-10, se refiere a los hermanos que habitan bajo el mismo techo. Si uno da ellos moría sin dejar hijos, el hermano del difunto debía tomar por mujer a la viuda del hermano muerto. El niño nacido de este matrimonio era reconocido hijo del difunto, a fin de que no se extinguiese su estirpe y se conservase en la familia la heredad (*Gen* 38, 8).

pero, al mismo tiempo, significativas. Puesto que la conversación está en tres versiones, la de Mateo, Marcos y Lucas, se requiere un análisis más profundo, en cuanto que la conversación comprende contenidos que tienen un significado esencial para la teología del cuerpo.

Junto a los otros dos importantes coloquios, esto es: aquel en el que Cristo hace referencia al «principio» (cfr *Mt* 19, 3-9; *Mc* 10, 2-12), y el otro en el que apela a la intimidad del hombre (al «corazón»), señalando al deseo y a la concupiscencia de la carne como fuente del pecado (cfr *Mt* 5, 27-32), el coloquio que ahora nos proponemos someter a análisis constituye, diría, *el tercer miembro del tríptico* de las enunciaciones de Cristo mismo: tríptico de palabras esenciales y constitutivas para la teología del cuerpo. En este coloquio Jesús alude a la resurrección, descubriendo así una dimensión completamente nueva del misterio del hombre.

2. La revelación de esta dimensión del cuerpo, estupenda en su contenido –y vinculada también con el Evangelio releído en su conjunto y hasta el fondo–, emerge en el coloquio con los saduceos, «que niegan la resurrección» (*Mt* 22, 23); vinieron a Cristo para exponerle un tema que –a su juicio– convalida el carácter razonable de su posición. Este tema debía contradecir «las hipótesis de la resurrección»[2]. El razonamiento de los saduceos es el siguiente: «Maestro, Moisés nos ha prescrito que, si el

---

[2] En el tiempo de Cristo los saduceos formaban, en el ámbito del judaísmo, una secta ligada al círculo de la aristocracia sacerdotal. Contraponían a la tradición oral y a la teología elaboradas por los fariseos, la interpretación literal del Pentateuco, al que consideraban fuente principal de la religión yahvista. Dado que en los libros bíblicos más antiguos no se hacía mención a la vida de ultratumba, los saduceos rechazaban la escatología proclamada por los fariseos, afirmando que «las almas mueren juntamente con el cuerpo» (cfr FLAVIO JOSEFO, *Antiquitates Judaicae*, XVII 1, 4, 16).

Sin embargo, no conocemos directamente las concepciones de los saduceos, ya que todos sus escritos se perdieron después de la destruc-

hermano de uno viniere a morir y dejare la mujer sin hijos, tome el hermano esa mujer y dé sucesión a su hermano» (*Mc* 12, 19). Los saduceos se refieren a la llamada ley del levirato (cfr *Dt* 25, 5-10), y basándose en la prescripción de esa antigua ley, *presentan el siguiente «caso»:* «Eran siete hermanos. El primero tomó mujer, pero al morir no dejó descendencia. La tomó el segundo, y murió sin dejar sucesión, e igual el tercero, y de los siete ninguno dejó sucesión. Después de todos murió la mujer. Cuando en la resurrección resuciten, ¿de quién será la mujer? Porque los siete la tuvieron por mujer» (*Mc* 12, 20-23)[3].

3. La respuesta de Cristo es una de las respuestas-clave del Evangelio, en la que se revela –precisamente a partir de los razonamientos puramente humanos y en contraste con ellos– otra dimensión de la cuestión, es decir, la que corresponde a la sabiduría y a la potencia de Dios mismo. Análogamente, por ejemplo, se había presentado el caso de la moneda del tributo con la imagen de César, y de la relación correcta entre lo que en el ámbito de la potestad es divino y lo que es humano («de César») (cfr *Mt* 22, 15-22). Esta vez *Jesús responde así:* «¿No está bien claro que erráis y que desconocéis las Escrituras y el poder de Dios? Cuando en la resurrección resuciten de entre los muertos, ni se casarán ni serán dadas en matrimonio, sino que serán cómo ángeles en los cielos» (*Mc* 12, 24-25). Ésta es la respuesta basilar del «caso», es decir, del problema que en ella se encierra. Cristo, conociendo

---

ción de Jerusalén en el año 70, cuando desapareció la misma secta. Son escasas las informaciones referentes a los saduceos; las tomamos de los escritos de sus adversarios ideológicos.

[3] Los saduceos, al dirigirse a Jesús para un «caso» puramente teórico, atacan, al mismo tiempo, la primitiva concepción de los fariseos sobre la vida después de la resurrección de los cuerpos; efectivamente, insinúan que la fe en la resurrección de los cuerpos lleva a admitir la poliandria, que está en contraste con la ley de Dios.

las concepciones de los saduceos, e intuyendo sus auténticas intenciones, toma de nuevo inmediatamente *el problema de la posibilidad de la resurrección*, negada por los saduceos mismos: «Por lo que toca a la resurrección de los muertos, ¿no habéis leído en el libro de Moisés, en lo de la zarza, cómo habló Dios diciendo: Yo soy el Dios de Abraham, y el Dios de Isaac, y el Dios de Jacob? No es Dios de muertos, sino de vivos» (*Mc* 12, 26-27). Como se ve, Cristo cita al mismo Moisés al cual han hecho referencia los saduceos, y termina afirmando: «Muy errados andáis» (*Mc* 12, 27).

4. Cristo repite por segunda vez esta afirmación conclusiva. Efectivamente, la primera vez la pronunció al comienzo de su exposición. Entonces dijo: «Estáis en un error y ni conocéis las Escrituras ni el poder de Dios»: así leemos en Mateo (22, 29). Y en Marcos: «¿No está bien claro que erráis y que desconocéis las Escrituras y el poder de Dios?» (*Mc* 12, 24). En cambio, la misma respuesta de Cristo, en la versión de Lucas (20, 27-36), carece de acento polémico, de ese «estáis en gran error». Por otra parte, él proclama lo mismo en cuanto que introduce en la respuesta algunos elementos que no se hallan ni en Mateo ni en Marcos. He aquí el texto: «Díjoles Jesús: Los hijos de este siglo toman mujeres y maridos. Pero los juzgados dignos de tener parte en aquel siglo y en la resurrección de los muertos, ni tomarán mujeres ni maridos, porque ya no pueden morir y son semejantes a los ángeles e hijos de Dios, siendo hijos de la resurrección» (*Lc* 20, 34-36). Por lo que respecta a la posibilidad misma de la resurrección Lucas –como los otros dos sinópticos– *hace referencia a Moisés, o sea al pasaje del libro del Éxodo 3, 2-6*, en el que efectivamente, se narra que el gran legislador de la Antigua Alianza había oído desde la zarza que «ardía y no se consumía», las siguientes palabras: «Yo soy el Dios de tus padres, el Dios de Abraham, el Dios de

Isaac, el Dios de Jacob» (*Ex* 3, 6). En el mismo lugar, cuando Moisés preguntó el nombre de Dios, había escuchado la respuesta: «Yo soy el que soy» (*Ex* 3, 14).

Así pues, al hablar de la futura resurrección de los cuerpos Cristo hace referencia al poder mismo de Dios viviente. Consideraremos de modo más detallado este tema.

Capítulo II
LA RESURRECCIÓN DE LOS MUERTOS*

1. «Estáis en un error y ni conocéis las Escrituras ni el poder de Dios» (*Mt* 22, 29), así dijo Cristo a los saduceos, los cuales –al rechazar la fe en la resurrección futura de los cuerpos– le habían expuesto el siguiente caso: «Había entre nosotros siete hermanos; y casado el primero, murió sin descendencia y dejó la mujer a su hermano (según la ley mosaica del 'levirato'); igualmente el segundo y el tercero, hasta los siete. Después de todos murió la mujer. Pues en la resurrección, ¿de cuál de los siete será la mujer?» (*Mt* 22, 25-28).

Cristo replica a los saduceos afirmando, al comienzo y al final de su respuesta, que están en un gran error, no conociendo ni las Escrituras ni el poder de Dios (cfr *Mc* 12, 24; *Mt* 22, 29). Puesto que la conversación con los saduceos la refieren los tres Evangelios sinópticos, confrontemos brevemente los relativos textos.

2. La versión de Mateo (22, 24-30), aunque no haga referencia a la zarza, concuerda casi totalmente con la de Marcos (12, 18-25). Las dos versiones contienen dos elementos esenciales: 1) la enunciación sobre la resurrección futura de los cuerpos; 2) la enunciación sobre el es-

---

* Audiencia General (18-XI-1981).

tado de los cuerpos de los hombres resucitados[1]. Estos dos elementos se encuentran también en Lucas (20, 27-36)[2]. El primer elemento, concerniente a la resurrección futura de los cuerpos, está unido, especialmente en Mateo y en Marcos, con las palabras dirigidas a los saduceos, según las cuales, ellos no conocían «ni las Escrituras ni el poder de Dios». Esta afirmación merece una atención particular, porque precisamente en ella Cristo puntualiza las bases mismas de la fe en la resurrección, a la que había hecho referencia al responder a la cuestión planteada por los saduceos con el ejemplo concreto de la ley mosaica del levirato.

3. Sin duda, los saduceos tratan la cuestión de la resurrección como un tipo de teoría o de hipótesis, susceptible de superación[3]. Jesús les demuestra primero un error

---

[1] Aunque el Nuevo Testamento no conoce la expresión «la resurrección de los cuerpos» (que aparecerá por vez primera en San Clemente: *2 Clem.* 9, 1 y en Justino: *Dial* 80, 5) y utilice la expresión «resurrección de los muertos», entendiendo con ella al hombre en su integridad, sin embargo, es posible hallar en muchos textos del Nuevo Testamento la fe en la inmortalidad del alma y su existencia incluso fuera del cuerpo (cfr por ejemplo: *Lc* 23, 43; *Flp* 1, 23-24; *2 Cor* 5, 6-8).

[2] El texto de Lucas contiene algunos elementos nuevos en torno a los cuales se desarrolla la discusión de los exégetas.

[3] Como es sabido, en el judaísmo de aquel período no se formuló claramente una doctrina acerca de la resurrección; existían sólo las diversas teorías lanzadas por cada una de las escuelas.

Los fariseos, que cultivaban la especulación teológica, desarrollaron fuertemente la doctrina sobre la resurrección, viendo alusiones a ella en todos los libros del Antiguo Testamento. Sin embargo, entendían la futura resurrección de modo terrestre y primitivo, preanunciando por ejemplo un enorme aumento de la recolección y de la fertilidad en la vida después de la resurrección.

Los saduceos, en cambio, polemizaban contra esta concepción, partiendo de la premisa que el Pentateuco no habla de la escatología. Es necesario también tener presente que en el siglo I el canon de los libros del Antiguo Testamento no estaba aún establecido.

El caso presentado por los saduceos ataca directamente a la concepción farisaica de la resurrección. En efecto, los saduceos pensaban que Cristo era seguidor de ellos.

La respuesta de Cristo corrige igualmente tanto la concepción de los fariseos, como la de los saduceos.

de método: *no conocen las Escrituras; y,* luego, un error de fondo: no aceptan lo que está revelado en las Escrituras –*no conocen el poder de Dios*–, no creen en Aquel que se reveló a Moisés en la zarza ardiente. Se trata de una respuesta muy significativa y muy precisa. Cristo se encuentra aquí con hombres que se consideran expertos y competentes intérpretes de las Escrituras. A estos hombres –esto es, a los saduceos– les responde Jesús que el solo conocimiento literal de la Escritura no basta. Efectivamente, la Escritura es, sobre todo, un medio para conocer el poder de Dios vivo, que se revela en ella a sí mismo, igual que se reveló a Moisés en la zarza. En esta revelación Él se ha llamado a sí mismo «el Dios de Abraham, el Dios de Isaac y el Dios de Jacob»[4], de aquellos, pues, que habían sido los padres de Moisés en la fe, que brota de la revelación del Dios viviente. Todos ellos han muerto ya hace mucho tiempo; sin embargo, Cristo completa la referencia a ellos con la afirmación de que Dios «no es Dios de muertos, sino de vivos». Esta afirmación-clave, en la que Cristo interpreta las palabras dirigidas a Moisés des-

---

[4] Esta expresión *no* significa: «Dios *que era honrado* por Abraham, Isaac y Jacob», sino: «Dios que *tenía cuidado* de los Patriarcas y los libraba».

Esta fórmula se vuelve a encontrar en el libro del Éxodo: 3, 6; 3, 15. 16; 4, 5, siempre en el contexto de la promesa de liberación de Israel; el nombre del Dios de Abraham, de Isaac y de Jacob es prenda y garantía de esta liberación.

«Dieu de X est synonyme de secours, de soutien et d'abri pour Israel». Un sentido semejante se encuentra en el Génesis 49, 24: «Dios de Jacob –Pastor y Piedra de Israel– Dios de tus padres que te ayudará» (cfr *Gen* 49, 24-25; cfr también: *Gen* 24, 27; 26, 24; 28,13; 32, 10; 46, 3). Cfr F. DREYFUS, O.P., *L'argument scripturaire de Jésus en faveur de la résurrection des morts (Mc* 12, 26-27), «Revue Biblique» 66, 1959, p. 218.

La fórmula: «Dios de Abraham, Isaac y Jacob», en la que se citan los tres nombres de los Patriarcas, indicaba en la exégesis judaica, contemporánea de Jesús, la *relación de Dios con el Pueblo de la Alianza* como comunidad. Cfr E. ELLIS, *Jesús, The Sadducees and Qumram,* New Testament Studies 10,1963-64, p. 275.

de la zarza ardiente, sólo pueden ser comprendidas si *se admite la realidad de una vida, a la que la muerte no pone fin.* Los padres de Moisés en la fe, Abraham, Isaac y Jacob, para Dios son personas vivientes (cfr *Lc* 20, 38: «porque para Él todos viven»), aunque, según los criterios humanos, haya que contarlos entre los muertos. Interpretar correctamente la Escritura, y en particular estas palabras de Dios, quiere decir conocer y acoger con la fe el poder del Dador de la vida, el cual no está atado por la ley de la muerte, dominadora en la historia terrena del hombre.

4. Parece que de este modo hay que interpretar la respuesta de Cristo sobre la posibilidad de la resurrección[5], dada a los saduceos, según la versión de los tres sinópticos. Llegará el momento en que Cristo dé la respuesta, sobre esta materia, con la propia resurrección; sin embargo, por ahora se remite al testimonio del Antiguo Testamento, demostrando cómo se descubre allí la verdad sobre la inmortalidad y sobre la resurrección. Es preciso hacerlo no deteniéndose solamente en el sonido de las palabras, sino remontándose también al poder de Dios, que se revela en esas palabras. La alusión a Abraham, Isaac y Jacob en aquella teofanía concedida a Moisés, que leemos en el libro del Éxodo (3, 2-6), constituye un testimonio que Dios vivo da de aquellos que viven «para Él»; de aquellos que gracias a su poder tienen vida, aun cuando, quedándose en las dimensiones de la historia,

_____

[5] Según nuestro modo actual de comprender este texto evangélico, el razonamiento de Jesús sólo mira a la inmortalidad; en efecto, si los Patriarcas viven después de su muerte ya ahora antes de la resurrección escatológica del cuerpo, entonces la constatación de Jesús mira a la inmortalidad del alma y no habla de la resurrección del cuerpo.

Pero el razonamiento de Jesús fue dirigido a los saduceos que no conocían el dualismo del cuerpo y del alma, aceptando sólo la bíblica unidad psico-física del hombre que es «el cuerpo y el aliento de vida». Por esto, según ellos, el alma muere juntamente con el cuerpo. La afirmación de Jesús, según la cual los Patriarcas viven, para los saduceos sólo podía significar la resurrección con el cuerpo.

sería preciso contarlos, desde hace mucho tiempo, entre los muertos.

5. El significado pleno de este testimonio, al que Jesús se refiere en su conversación con los saduceos, se podría entender (siempre sólo a la luz del Antiguo Testamento) del modo siguiente: Aquel que es –Aquel que vive y que es la Vida– constituye la fuente inagotable de la existencia y de la vida, tal como se reveló al «principio», en el Génesis (cfr *Gen* 1-3). Aunque, a causa del pecado, la muerte corporal se haya convertido en la suerte del hombre (cfr *Gen* 3, 19)[6], y aunque le haya sido prohibido el acceso al árbol de la vida (gran símbolo del libro del Génesis; cfr *Gen* 3, 22), sin embargo, *el Dios viviente, estrechando su Alianza con los hombres* (Abraham, Patriarcas, Moisés, Israel), *renueva continuamente*, en esta Alianza, *la realidad misma de la Vida*, desvela de nuevo su perspectiva y, en cierto sentido, abre nuevamente el acceso al árbol de la vida. Juntamente con la Alianza, esta vida, cuya fuente es Dios mismo, se da en participación a los mismos hombres que, como consecuencia de la ruptura de la primera Alianza, habían perdido el acceso al árbol de la vida, y en las dimensiones de su historia terrena habían sido sometidos a la muerte.

6. Cristo es la última palabra de Dios sobre este tema; efectivamente, la Alianza, que con Él y por Él se establece entre Dios y la humanidad, abre una perspectiva infinita de Vida: y el acceso al árbol de la vida –según el plan originario del Dios de la Alianza– se revela a cada uno de los hombres en su plenitud definitiva. Éste será el significado de la muerte y de la resurrección de Cristo, éste será el testimonio del misterio pascual. Sin embargo, la con-

---

[6] No nos detenemos aquí sobre la concepción de la muerte en el sentido puramente veterotestamentario, sino que tomamos en consideración la antropología teológica en su conjunto.

versación con los saduceos se desarrolla *en la fase prepascual de la misión mesiánica de Cristo*. El curso de la conversación según Mateo (22, 24-30), Marcos (12, 18-27) y Lucas (20, 27-36), manifiesta que Cristo –que otras veces, particularmente en las conversaciones con sus discípulos, había hablado de la futura resurrección del Hijo del hombre (cfr por ejemplo *Mt* 17, 9. 23; 20, 19 y paral.)– en la conversación con los saduceos, en cambio, no se remite a este argumento. Las razones son obvias y claras. La conversación tiene lugar con los saduceos, «los cuales afirman que no hay resurrección» (como subraya el Evangelista), es decir, ponen en duda su misma posibilidad, y a la vez se consideran expertos de la Escritura del Antiguo Testamento y sus intérpretes calificados. Y por esto, Jesús se refiere al Antiguo Testamento, y basándose en él, les demuestra que «no conocen el poder de Dios»[7].

7. Respecto a la posibilidad de la resurrección, Cristo

---

[7] Éste es el argumento determinante que comprueba la autenticidad de la discusión con los saduceos.

Si la perícopa constituye «*un añadido postpascual de la comunidad cristiana*» (como pensaba, por ejemplo, R. Bultmann), la fe en la resurrección de los cuerpos estaría apoyada por el hecho de la resurrección de Cristo, que se imponía como una fuerza irresistible, como lo da a entender por ejemplo San Pablo (cfr *1 Cor* 15,12).

Cfr J. JEREMÍAS, *Neutestamentliche Theologie*, I Teil, Gutersloh 1971, (Mohn); cfr, además, I. H. MARSHALL, *The Gospel of Luke*, Exeter 1978, The Paternoster Press, p. 738.

La referencia al Pentateuco –mientras en el Antiguo Testamento hay textos que tratan directamente de la resurrección (como por ejemplo, *Is* 26, 19, o *Dan* 12, 2)– testimonia que la conversación se tuvo realmente con los saduceos, los cuales consideraban el Pentateuco la única autoridad decisiva.

La estructura de la controversia demuestra que ésta era una discusión rabínica, según los modelos clásicos que se usaban en las academias de entonces.

Cfr J. Le MOYNE, O.S.B., *Les Sadducéens*, París 1972 (Gabalda), p. 124 y s.; E. LOHMEYER, *Das Evangelium des Markus*, Gottingen 1959[15], p. 257; D. DAUBE, *New Testament and Rabbinic Judaism*, Londres 1956, pp. 158-163; J. RADEMAKERS, S. J., *La bonne nouvelle de Jésu selon St. Marc*, Bruselas 1974, «Institut d'Etudes Théologiques», p. 313.

se remite precisamente a ese poder, que va unido con el testimonio del Dios vivo, que es el Dios de Abraham, de Isaac, de Jacob, y el Dios de Moisés. El Dios, a quien los saduceos «privan» de este poder, no es el verdadero Dios de sus padres, sino el Dios de sus hipótesis e interpretaciones. Cristo, en cambio, ha venido para dar testimonio del Dios de la Vida en toda la verdad de su poder que se despliega en la vida del hombre.

Capítulo III
EL CUERPO EN LA VIDA ETERNA*

1. «Porque cuando resuciten de entre los muertos, ni se casarán ni serán dadas en matrimonio» (*Mc* 12, 25). Cristo pronuncia *estas palabras, que tienen un significado clave para la teología del cuerpo,* después de haber afirmado, en la conversación con los saduceos, que la resurrección corresponde a la potencia del Dios viviente. Los tres Evangelios sinópticos refieren el mismo enunciado, sólo que la versión de Lucas se diferencia en algunos detalles de la de Mateo y Marcos. Para los tres es esencial la constatación de que en la futura resurrección los hombres, después de haber vuelto a adquirir sus cuerpos en la plenitud de la perfección propia de la imagen y semejanza de Dios –después de haberlos vuelto a adquirir en su masculinidad y feminidad–, «ni se casarán ni serán dados en matrimonio». Lucas en el capítulo 20, 34-35 expresa la misma idea con las palabras siguientes: «Los hijos de este siglo toman mujeres y maridos. Pero los juzgados dignos de tener parte en aquel siglo y en la resurrección de los muertos, ni tomarán mujeres ni maridos».

2. Como se deduce de estas palabras, *el matrimonio,* esa unión en la que, según dice el libro del Génesis, «el hombre... se unirá a su mujer y vendrán a ser los dos una

---

* Audiencia general (2-XII-1981).

29

sola carne» (2, 25) –unión propia del hombre desde el «principio»– pertenece *exclusivamente a «este siglo»*. El matrimonio y la procreación, en cambio, no constituyen el futuro escatológico del hombre. En la resurrección pierden, por decirlo así, su razón de ser. Ese «otro siglo», del que habla Lucas (20, 35), significa la realización definitiva del género humano, la clausura cuantitativa del círculo de seres que fueron creados a imagen y semejanza de Dios, a fin de que multiplicándose a través de la conyugal «unidad en el cuerpo» de hombres y mujeres, sometiesen la tierra. Ese «otro siglo» no es el mundo de la tierra, sino el mundo de Dios, el cual, como sabemos por la primera Carta de Pablo a los Corintios, lo llenará totalmente, viniendo a ser «todo en todos» (*1 Cor* 15, 28).

3. Al mismo tiempo, ese «otro siglo», que según la Revelación es «el reino de Dios», es también la definitiva y eterna «patria» del hombre (cfr *Flp* 3, 20), es la «casa del Padre» (*Jn* 14, 2). Ese «otro siglo», como *nueva patria del hombre, emerge* definitivamente del mundo actual, que es temporal –sometido a la muerte, o sea, a la destrucción del cuerpo (cfr *Gen* 3, 19: «al polvo volverás»)– *a través de la resurrección*. La resurrección, según las palabras de Cristo referidas por los sinópticos, significa no sólo la recuperación de la corporeidad y el establecimiento de la vida humana en su integridad, mediante la unión del cuerpo con el alma, sino también un estado totalmente nuevo de la misma vida humana. Hallamos la confirmación de este nuevo estado del cuerpo en la resurrección de Cristo (cfr *Rom* 6, 5-11). Las palabras que refieren los sinópticos (*Mt* 22, 30; *Mc* 12, 25; *Lc* 20, 34-35) volverán a sonar entonces (esto es, después de la resurrección de Cristo) para aquellos que las habían oído, diría que casi con una nueva fuerza probativa y, al mismo tiempo, adquirirán el carácter de una promesa convincente. Sin embargo, por ahora nos detenemos sobre estas palabras en

su fase «pre-pascual», basándonos solamente en la situación en la que fueron pronunciadas. No cabe duda de que ya en la respuesta dada a los saduceos, Cristo descubre la nueva condición del cuerpo humano en la resurrección, y lo hace precisamente mediante una referencia y un parangón con la condición de la que el hombre había sido hecho partícipe desde el «principio».

4. Las palabras: «Ni se casarán ni serán dadas en matrimonio» parecen afirmar, a la vez, que los cuerpos humanos, recuperados y al mismo tiempo renovados en la resurrección, mantendrán su peculiaridad masculina o femenina y que *el sentido de ser varón o mujer en el cuerpo* en el «otro siglo» se *constituirá y entenderá de modo diverso* del que fue desde «el principio» y, luego, en toda la dimensión de la existencia terrena. Las palabras del Génesis, «dejará el hombre a su padre y a su madre, y se unirá a su mujer, y vendrán a ser los dos una sola carne» (2, 24), han constituido desde el principio esa condición y relación de masculinidad y feminidad que se extiende también al cuerpo, y a la que justamente es necesario definir «conyugal» y al mismo tiempo «procreadora» y «generadora»; efectivamente, está unida con la bendición de la fecundidad, pronunciada por Dios *(Elohim)* en la creación del hombre «varón y mujer» (*Gen* 1, 27). Las palabras pronunciadas por Cristo sobre la resurrección nos permiten deducir que la dimensión de masculinidad y feminidad –esto es, el ser en el cuerpo varón y mujer– quedará nuevamente constituida juntamente con la resurrección del cuerpo en el «otro siglo».

5. ¿Se puede decir algo aún más detallado sobre este tema? Sin duda, las palabras de Cristo referidas por los sinópticos (especialmente en la versión de *Lc* 20, 27-40) nos autorizan a esto. Efectivamente, allí leemos que «los juzgados dignos de tener parte en aquel siglo y en la resurrec-

ción de los muertos... ya no pueden morir y son semejantes a los ángeles e hijos de Dios, siendo hijos de la resurrección» (Mateo y Marcos dicen sólo que «serán como ángeles en los cielos»). Este enunciado permite sobre todo deducir *una espiritualización del hombre según una dimensión diversa de la de la vida terrena* (e incluso diversa de la del mismo «principio»). Es obvio que aquí no se trata de transformación de la naturaleza del hombre en la angélica, esto es, puramente espiritual. El contexto indica claramente que el hombre conservará en el «otro siglo» la propia naturaleza humana psicosomática. Si fuese de otra manera, carecería de sentido hablar de resurrección.

Resurrección significa restitución a la verdadera vida de la corporeidad humana, que fue sometida a la muerte en su fase temporal. En la expresión de Lucas (20, 36) citada hace un momento (y en la de Mateo 22, 30, y Marcos 12, 25) se trata ciertamente de la naturaleza humana, es decir, sicosomática. La comparación con los seres celestes, utilizada en el contexto, no constituye novedad alguna en la Biblia. Entre otros, ya el Salmo, exaltando al hombre como obra del Creador, dice: «Lo hiciste poco inferior a los ángeles» (*Sal* 8, 6). Es necesario suponer que en la resurrección esta semejanza se hará mayor: no a través de una desencarnación del hombre, sino mediante otro modo (incluso se podría decir: otro grado) de espiritualización de su naturaleza somática, esto es, mediante otro «sistema de fuerzas» dentro del hombre. La resurrección significa una nueva sumisión del cuerpo al espíritu.

6. Antes de disponernos a desarrollar este tema, conviene recordar que la verdad sobre la resurrección tuvo un *significado-clave para la formación de toda la antropología teológica*, que podría ser considerada sencillamente como «*antropología de la resurrección*». La reflexión sobre la resurrección hizo que Santo Tomás de Aquino omitiera en su antropología metafísica (y a la vez teológica)

la concepción filosófica de Platón sobre la relación entre el alma y el cuerpo y se acercará a la concepción de Aristóteles[1]. En efecto, la resurrección da testimonio, al menos indirectamente, de que el cuerpo, en el conjunto del compuesto humano, no está sólo temporalmente unido con el alma (como su «prisión» terrena, cual juzgaba Platón)[2], sino que juntamente con el alma constituye la unidad e integridad del ser humano. Precisamente esto enseñaba Aristóteles[3], de manera distinta que Platón. Si Santo Tomás aceptó en su antropología la concepción de Aristóteles, lo hizo teniendo a la vista la verdad de la resurrección. Efectivamente, la verdad sobre la resurrección afirma con claridad que la perfección escatológica y la felicidad del hombre no pueden ser entendidas como un estado del alma sola, separada (según Platón: liberada) del cuerpo, sino que es preciso entenderla como *el estado del hombre definitiva y perfectamente «integrado»*, a través de una unión tal del alma con el cuerpo, que califica y asegura definitivamente esta integridad perfecta.

Aquí interrumpimos nuestra reflexión sobre las palabras pronunciadas por Cristo acerca de la resurrección. La gran riqueza de los contenidos encerrados en estas palabras nos llevará a volver sobre ellas en las ulteriores consideraciones.

---

[1] Cfr p. ej.: «Habet autem anima alium modum essendi cum unitur corpori, et cum fuerit a corpore separata, manente tamen eadem animae natura; *non ita quod uniri corpori sit ei accidentale, sed per rationem suae naturae, corpori unitur...*» (Santo Tomás, *S. Th.*, I, q. 89, a. 1).

«Si autem hoc non est ex natura animae, sed per accidens hoc convenit ei ex eo quod *corpori alligatur, sicut Platonici posuerunt... remoto impedimento corporis, rediret anima ad suam naturam...* Sed, secundum hoc, non esset anima corpori unita propter melius animae...; sed hoc esset solum propter melius corporis: quod est irrationabile, cum materia sit propter formam, et non e converso...» (*ib.*).

«Secundum se convenit animae corpori uniri...-Anima humana manet in suo esse cum fuerit a corpore separata, habet aptitudinem et inclinationem naturalem ad corporis unionem» (*ib.*, I, q. 76, a. 1 ad 6).

[2] Tò mèn sôma estin hemin sêma (Platón, *Gorgias* 493 A: cfr también *Fedon*, 66 B; *Cratilo* 400 C.).

[3] Aristóteles, *De anima*, II, 412a, 19-22; cfr también *Metaph.* 1029 b 11-1030 b 14.

33

Capítulo IV
LA VISIÓN BEATÍFICA PARA EL HOMBRE*

1. «En la resurrección... ni se casarán ni se darán en casamiento, sino que serán como ángeles en el cielo» (*Mt* 22, 30, análogamente *Mc* 12, 25). «Son semejantes a los ángeles e hijos de Dios, siendo hijos de la resurrección» (*Lc* 20, 36).

Tratemos de comprender esas palabras de Cristo referentes a la resurrección futura, para sacar de ellas una conclusión sobre la *espiritualización* del hombre, diferente de la vida terrena. Se podría hablar aquí incluso de un sistema perfecto de fuerzas en las relaciones recíprocas entre lo que en el hombre es espiritual y lo que es corpóreo. El hombre «histórico», como consecuencia del pecado original, experimenta una imperfección múltiple de este sistema de fuerzas, que se manifiesta en las bien conocidas palabras de San Pablo: «Siento otra ley en mis miembros que repugna a la ley de mi mente» (*Rom* 7, 23).

El hombre «escatológico» estará libre de esa «oposición». En la resurrección el cuerpo volverá a la perfecta unidad y armonía con el espíritu; el hombre no experimentará más la oposición entre lo que en él es esencial y lo que es corpóreo. La *«espiritualización»* significa no sólo que el espíritu dominará al cuerpo, sino, diría, que

---

Audiencia general (9-XII-1981).

impregnará plenamente al cuerpo, y que las fuerzas del espíritu impregnarán las energías del cuerpo.

2. En la vida terrena, el dominio del espíritu sobre el cuerpo –y la simultánea subordinación del cuerpo al espíritu–, como fruto de un trabajo perseverante sobre sí mismo, puede expresar una personalidad espiritualmente madura; sin embargo, el hecho de que las energías del espíritu logren dominar las fuerzas del cuerpo, no quita la posibilidad misma de su recíproca oposición. La «espiritualización», a la que aluden los Evangelios sinópticos (*Mt* 22, 30; *Mc* 12, 25; *Lc* 20, 34-35) en los textos aquí analizados, está ya fuera de esta posibilidad. Se trata, pues, de una espiritualización perfecta en la que queda completamente eliminada *la posibilidad* de que «otra ley luche contra la ley de la... mente» (cfr *Rom* 7, 23). Este estado que –como es evidente– se diferencia esencialmente (y no sólo en grado) de lo que experimentamos en la vida terrena, no significa, sin embargo, «desencarnación» alguna del cuerpo ni, consiguientemente, una «deshumanización» del hombre. Más aún, significa, por el contrario, su «realización» perfecta. Efectivamente, en el ser compuesto, psicosomático, que es el hombre, la perfección no puede consistir en una oposición recíproca del espíritu y del cuerpo, sino *en una profunda armonía entre ellos, salvaguardando el primado del espíritu*. En el «otro mundo», este primado se realizará y manifestará en una espontaneidad perfecta, carente de oposición alguna por parte del cuerpo. Sin embargo, esto no hay que entenderlo como una «victoria» definitiva del espíritu sobre el cuerpo. La resurrección consistirá en la perfecta participación por parte de todo lo corpóreo del hombre en lo que en él es espiritual. Al mismo tiempo consistirá en la realización perfecta de lo que en el hombre es personal.

3. Las palabras de los sinópticos atestiguan que el es-

tado del hombre en el «otro mundo» será no sólo un estado de perfecta espiritualización, sino también de fundamental «divinización» de su humanidad. Los «hijos de la resurrección» –como leemos en Lucas 20, 36– no sólo «son semejantes a los ángeles», sino que también «son hijos de Dios». De aquí se puede sacar la conclusión de que el grado de la espiritualización, propia del hombre «escatológico», tendrá su fuente en el grado de su «divinización», incomparablemente superior a la que se puede conseguir en la vida terrena. Es necesario añadir que aquí se trata no sólo de un grado diverso, sino en cierto sentido de otro género de «divinización». La participación en la naturaleza divina, la participación en la vida íntima de Dios mismo, penetración e impregnación de lo que es esencialmente humano por parte de lo que es esencialmente divino, alcanzará entonces su vértice, por lo cual la vida del espíritu humano llegará a una plenitud tal, que antes le era absolutamente inaccesible. Esta nueva espiritualización será, pues, *fruto de la gracia*, esto es, de la *comunicación de Dios, en su misma divinidad*, no sólo al alma, sino *a toda la subjetividad psicosomática del hombre*. Hablamos aquí de la «subjetividad» (y no sólo de la «naturaleza»), porque esa divinización se entiende no sólo como un «estado interior» del hombre (esto es, del sujeto), capaz de ver a Dios «cara a cara», sino también como una nueva formación de toda la subjetividad personal del hombre a medida de la unión con Dios en su misterio trinitario y de la intimidad con Él en la perfecta comunión de las personas. Esta intimidad –con toda su intensidad subjetiva– no absorberá la subjetividad personal del hombre, sino, al contrario, la hará resaltar en medida incomparablemente mayor y más plena.

4. La «divinización» en el «otro mundo», indicada por las palabras de Cristo, aportará al espíritu humano una tal «gama de experiencias» de la verdad y del amor, que

el hombre nunca habría podido alcanzar en la vida terrena. Cuando Cristo habla de la resurrección, demuestra al mismo tiempo que en esta experiencia escatológica de la verdad y del amor, unida a la visión de Dios «cara a cara», participará también, a su modo, el cuerpo humano. Cuando Cristo dice que los que participen en la resurrección futura «ni se casarán ni serán dadas en matrimonio» (*Mc* 12, 55), sus palabras –como ya hemos observado antes– afirman no sólo el final de la historia terrena, vinculada al matrimonio y a la procreación, sino también parecen descubrir el nuevo significado del cuerpo. En este caso, ¿es quizá posible pensar *–a nivel de escatología bíblica– en el descubrimiento del significado «esponsalicio»* del cuerpo, sobre todo como significado *«virginal»* de ser, en cuanto al cuerpo, varón y mujer? Para responder a esta pregunta, que surge de las palabras referidas por los sinópticos, conviene penetrar más a fondo en la esencia misma de lo que será la visión beatífica del Ser Divino, visión de Dios «cara a cara» en la vida futura. Es preciso también dejarse guiar por esa «gama de experiencias» de la verdad y del amor, que sobrepasa los límites de las posibilidades cognoscitivas y espirituales del hombre en la temporalidad, y de la que será partícipe en el «otro mundo».

5. Esta «experiencia escatológica» del Dios viviente concentrará en sí no sólo todas las energías espirituales del hombre, sino que, al mismo tiempo, le descubrirá, de modo vivo y experimental, el *«comunicarse»* de Dios a toda la creación y, en particular, al *hombre; lo cual es el más personal «darse» de Dios, en su misma divinidad, al hombre:* a ese ser, que desde el principio lleva en sí la imagen y semejanza de Él. Así, pues, en el «otro mundo» el objeto de la «visión» será ese misterio escondido desde la eternidad en el Padre, misterio que en el tiempo ha sido revelado en Cristo para realizarse incesantemente

por obra del Espíritu Santo; ese misterio se convertirá, si nos podemos expresar así, en el contenido de la experiencia escatológica y en la «forma» de toda la existencia humana en las dimensiones del «otro mundo». La vida eterna hay que entenderla en sentido escatológico, esto es, como plena y perfecta experiencia de esa gracia (= *charis)* de Dios, de la que el hombre participa mediante la fe durante la vida terrena, y que, en cambio, deberá revelarse a los que participarán del «otro mundo» no sólo en toda su penetrante profundidad, sino ser también experimentada en su realidad beatificante.

Suspenderemos aquí nuestra reflexión centrada en las palabras de Cristo, relativas a la futura resurrección de los cuerpos. En esta «espiritualización» y «divinización», de las que el hombre participará en la resurrección, descubrimos –en una dimensión escatológica– las mismas características que calificaban el significado «esponsalicio» del cuerpo; las descubrimos en el encuentro con el misterio del Dios viviente, que se revela mediante la visión de Él «cara a cara».

Capítulo V
LA COMUNIÓN CON DIOS EN EL CIELO*

1. «En la resurrección... ni se casarán ni se darán en casamiento, sino que serán como ángeles en el cielo» (*Mt* 22, 30; análogamente *Mc* 12, 25). «...son semejantes a los ángeles e hijos de Dios, siendo hijos de la resurrección» (*Lc* 20, 36).

La comunión (*communio*) escatológica del hombre con Dios, constituida gracias al amor de una perfecta unión, estará alimentada por la visión «cara a cara»: la *contemplación* de esa comunión más perfecta, puramente divina, que es la *comunión trinitaria de las Personas divinas* en la unidad de la misma divinidad.

2. Las palabras de Cristo, referidas por los Evangelios sinópticos, nos permiten deducir que los que participen del «otro mundo» conservarán –en esta unión con el Dios vivo, que brota de la visión beatífica de su unidad y comunión trinitaria– no sólo su auténtica subjetividad, sino que la adquirirán en medida mucho más perfecta que en la vida terrena. Así quedará confirmada, además, la ley del orden integral de la personal, según el cual la perfección de la comunión no sólo está condicionada por la perfección o madurez espiritual del sujeto, sino también, a su vez, la determina. Los que participarán en el «mun-

Audiencia general (16-XII-1981).

do futuro» esto es, en la perfecta comunión con el Dios vivo, gozarán de una subjetividad perfectamente madura. Si en esta perfecta subjetividad, aun conservando en su cuerpo resucitado, es decir, glorioso, la masculinidad y la feminidad, «no tomarán mujer ni marido», *esto se explica no sólo porque ha terminado la historia, sino también –y sobre todo–* por la *«autenticidad* escatológica» *de la respuesta* a esa «comunicación» del Sujeto Divino, que constituirá la experiencia beatificante del don de sí mismo por parte de Dios, absolutamente superior a toda experiencia propia de la vida terrena.

3. El recíproco don de sí mismo a Dios –don en el que el hombre concentrará y expresará todas las energías de la propia subjetividad personal y, a la vez psicosomática– será la respuesta al don de sí mismo por parte de Dios al hombre[1]. En este recíproco don de sí mismo por parte del hombre, don que se convertirá hasta el fondo y definitivamente, en beatificante, como respuesta digna de un sujeto personal al don de sí por parte de Dios, la «virginidad», o mejor, el estado virginal del cuerpo se manifestará plenamente como cumplimiento escatológico del significado «esponsalicio» del cuerpo, como el signo específico y la expresión auténtica de toda la subjetividad personal. Así, pues, esa situación escatológica, en la que «no tomarán mujer ni marido», tiene su fundamento sóli-

---

[1] «En la concepción bíblica se trata de una inmortalidad 'dialógica' (resucitación), es decir, la inmortalidad no resulta simplemente de la evidente verdad de que lo indivisible no puede morir, sino de la acción salvadora del amante que tiene poder para hacer inmortal. El hombre no puede, por tanto, perecer totalmente, porque es conocido y amado por Dios. Si todo amor reclama eternidad, el amor de Dios no sólo la quiere, sino que la causa. Puesto que la inmortalidad en el pensamiento bíblico no procede del propio poder de lo indestructible en sí mismo, sino del hecho de haber entrado en diálogo con el Creador, debe llamarse resucitación (en sentido pasivo...)» (J. RATZINGER, «Resurrección de la carne-aspecto teológico», en *Sacramentum Mundi*, vol. VI, Barcelona 1976, edit. Herder, pp. 74-75).

do en el estado futuro del sujeto personal cuando, después de la visión de Dios «cara a cara», nacerá en él *un amor de tal profundidad y fuerza de concentración en Dios mismo, que absorberá completamente toda su subjetividad psicosomática.*

4. Esta concentración del conocimiento («visión») y del amor en Dios mismo –concentración que no puede ser sino la plena participación en la vida íntima de Dios, esto es, en la misma realidad Trinitaria– será, al mismo tiempo, el descubrimiento, en Dios, de todo el «mundo» de las relaciones, constitutivas de su orden perenne («cosmos»). Esta concentración será, sobre todo, el descubrimiento de sí por parte del hombre, no sólo en la profundidad de la propia persona, sino también en la unión que es propia del mundo de las personas en su constitución psicosomática. Ciertamente ésta es una unión de comunión. La concentración del conocimiento y del amor sobre Dios mismo en la comunión trinitaria de las Personas puede encontrar una respuesta beatificante en los que llegarán a participar del «otro mundo», únicamente *a través de la realización de la comunión recíproca proporcionada a personas creadas.* Y por esto profesamos la fe en la «comunión de los Santos» (*comumunio sanctorum*) y la profesamos en conexión orgánica con la fe en la «resurrección de los muertos». Las palabras con las que Cristo afirma que en el «otro mundo... no tomarán mujer ni marido», constituyen la base de estos contenidos de nuestra fe y, al mismo tiempo, requieren una adecuada interpretación precisamente a la luz de la fe. Debemos pensar en la realidad del «otro mundo» con las categorías del descubrimiento de una nueva, perfecta subjetividad de cada uno y, a la vez, del *descubrimiento* de una nueva, *perfecta intersubjetividad de todos.* Así, esta realidad significa el verdadero y definitivo cumplimiento de la subjetividad humana y sobre esta base la definitiva

realización del significado «esponsalicio» del cuerpo. La total concentración de la subjetividad creada, redimida y glorificada, en Dios mismo no apartará al hombre de esta realización, sino que, por el contrario lo introducirá y lo consolidará en ella. Finalmente, se puede decir que así la realidad escatológica se convertirá en fuente de la perfecta realización del «orden trinitario» en el mundo creado de las personas.

5. Las palabras con las que Cristo se remite a la resurrección futura –palabras confirmadas de modo singular por su resurrección– completan lo que en las reflexiones precedentes solíamos llamar «revelación del cuerpo». Esta revelación penetra de algún modo en el corazón mismo de la realidad que experimentamos, y esta realidad es, sobre todo, el hombre, su cuerpo, el cuerpo del hombre «histórico». A la vez, esta revelación nos permite sobrepasar la esfera de esta experiencia en dos direcciones. Ante todo, en la dirección de ese «principio», al que Cristo hace referencia en su conversación con los fariseos respecto a la indisolubilidad del matrimonio (cfr *Mt* 19, 3-9); en segundo lugar, en la dirección del «otro mundo», sobre el que el Maestro llama la atención de sus oyentes en presencia de los saduceos, que «niegan la resurrección» (*Mt* 22, 23). Estas dos «ampliaciones de la esfera» de la experiencia del cuerpo (si así se puede decir) no son completamente inaccesibles a nuestra comprensión (obviamente teológica) del cuerpo. *Lo que es el cuerpo humano en el ámbito de la experiencia histórica del hombre, no queda totalmente anulado por esas dos dimensiones de su existencia*, reveladas mediante la palabra de Cristo.

6. Está claro que aquí se trata no tanto del «cuerpo» en abstracto, sino del hombre que es a la vez espiritual y corpóreo. Prosiguiendo en las dos direcciones indicadas por la palabra de Cristo, y volviendo a la consideración

de la experiencia del cuerpo en la dimensión de nuestra existencia terrena (por lo tanto, en la dimensión histórica), podemos hacer una cierta reconstrucción teológica de lo que habría podido ser la experiencia del cuerpo según el «principio» revelado del hombre, y también de lo que él será en la dimensión del «otro mundo». La posibilidad de esta reconstrucción, que amplía nuestra experiencia del hombre-cuerpo, indica, al menos indirectamente, *la coherencia de la imagen teológica del hombre en estas tres dimensiones*, que concurren juntamente a la constitución de la teología del cuerpo.

Capítulo VI
LA RESURRECCIÓN DE LA CARNE*

1. «Cuando resuciten..., no tomarán mujer ni marido, sino que serán como ángeles en los cielos» (*Mc* 12, 25; análogamente *Mt* 22, 30). «...Son semejantes a los ángeles y, siendo hijos de la resurrección, son hijos de Dios» (*Lc* 22, 36).

Las palabras con las que Cristo se refiere a la futura resurrección –palabras confirmadas de modo singular con su propia resurrección–, completan lo que en las presentes reflexiones hemos venido llamando «revelación del cuerpo». Esta revelación penetra, por así decirlo, en el corazón mismo de la realidad que experimentamos, y esta realidad es, sobre todo, el hombre, su cuerpo: el cuerpo del hombre «histórico». A la vez, dicha revelación nos permite superar la esfera de esta experiencia en dos direcciones. Primero, en la dirección del «principio» al que Cristo se refiere en su conversación con los fariseos respecto a la indisolubilidad del matrimonio (cfr *Mt* 19, 3-8); luego, en la dirección del «mundo futuro», al que el Maestro orienta los espíritus de sus oyentes en presencia de los saduceos, que «niegan la resurrección» (*Mt* 22, 23).

2. El hombre no puede alcanzar, con los solos métodos empíricos y racionales, ni la verdad sobre ese «prin-

---

* Audiencia general (13-I-1982).

cipio» del que habla Cristo, ni la verdad escatológica. Sin embargo, ¿acaso no se puede afirmar que el hombre lleva, en cierto sentido, estas dos dimensiones en lo profundo de la experiencia del propio ser, o mejor, que de algún modo está encaminado hacia ellas como hacia dimensiones que justifican plenamente el significado mismo de su cuerpo, esto es, de su ser hombre «carnal»? Por lo que se refiere a la dimensión escatológica, ¿acaso no es verdad que la muerte misma y la destrucción del cuerpo pueden conferir al hombre un significado elocuente sobre la experiencia en la que se realiza el sentido personal de la existencia? Cuando Cristo habla de la resurrección futura, sus palabras no caen en el vacío. La experiencia de la humanidad, y especialmente la experiencia del cuerpo, permiten al oyente unir a esas palabras la imagen de su nueva existencia en el «mundo futuro», a la que la experiencia terrena súministra el sustrato y la base. Es posible una *reconstrucción teológica* correlativa.

3. Para la construcción de esta imagen –que, en cuanto al contenido corresponde al artículo de nuestra profesión de fe: «creo en la resurrección de los muertos»– contribuye en gran manera la conciencia de que hay una conexión entre la experiencia terrena y toda la dimensión del «principio» bíblico del hombre en el mundo. Si en el principio Dios «los creó varón y mujer» (*Gen* 1, 27), si en esta dualidad relativa al cuerpo previó también una unidad tal, por la que «serán una sola carne» (*Gen* 2, 24), si vinculó esta unidad a la bendición de la fecundidad, o sea, de la procreación (cfr *Gen* 1, 29), y si ahora, al hablar ante los saduceos de la futura resurrección, Cristo explica que en el «otro mundo» «no tomarán mujer ni marido», entonces está claro que se trata aquí de un desarrollo de la *verdad sobre el hombre mismo*. Cristo señala su identidad, aunque esta identidad *se realice en la experiencia escatológica de modo diverso* respecto a la experiencia del

«principio» mismo y de toda la historia. Y, sin embargo, el hombre será siempre el mismo, tal como salió de las manos de su Creador y Padre. Cristo dice: «No tomarán mujer ni marido», pero no afirma que este hombre del «mundo futuro» no será ya varón ni mujer, como lo fue desde el «principio». Es evidente, pues, que el significado de ser, en cuanto al cuerpo, varón o mujer en el «mundo futuro», hay que buscarlo fuera del matrimonio y de la procreación, pero no hay razón alguna para buscarlo fuera de lo que (independientemente de la bendición de la procreación) se deriva del misterio mismo de la creación y que luego forma también la más profunda estructura de la historia del hombre en la tierra, ya que esta historia ha quedado profundamente penetrada por el misterio de la redención.

4. En su situación originaria, el hombre, pues, *está solo* y, a la vez *se convierte* en varón y mujer: unidad de los dos. En su soledad «se revela» a sí como persona para revelar simultáneamente, en la unidad de los dos, la comunión de las personas. En uno o en otro estado, el ser humano se constituye como imagen y semejanza de Dios. Desde el principio el hombre es también cuerpo entre los cuerpos, y en la unidad de los dos *se convierte* en varón y en mujer, descubriendo el significado «esponsalicio» de su cuerpo a medida de sujeto personal. Luego el sentido de ser-cuerpo y, en particular, de ser en el cuerpo, varón y mujer, se vincula con el matrimonio y la procreación (es decir, con la paternidad y la maternidad). Sin embargo, *el sentido originario y* fundamental *de ser cuerpo*, como también de ser, en cuanto cuerpo, varón y mujer –es decir, precisamente el significado «esponsalicio»– *está unido con el hecho de que el hombre es creado como persona y llamado a la vida «in communione personarum»*. El matrimonio y la procreación en sí misma no determinan definitivamente el significado originario y fundamental del

ser cuerpo ni del ser, en cuanto cuerpo, varón y mujer. El matrimonio y la procreación solamente dan realidad concreta a ese significado en las dimensiones de la historia. La resurrección indica el final de la dimensión histórica. Y he aquí que las palabras «cuando resuciten de entre los muertos... no tomarán mujer ni marido» (*Mc* 12, 25) expresan unívocamente no sólo qué significado no tendrá el cuerpo humano en el «mundo futuro», sino que nos permiten también deducir que ese significado «esponsalicio» del cuerpo en la resurrección en la vida futura corresponderá de modo perfecto tanto al hecho de que el hombre, como varón-mujer, es persona creada a «imagen y semejanza de Dios», como al hecho de que esta imagen se realiza en la comunión de las personas. El significado «esponsalicio» de ser cuerpo se realizará, pues, como *significado perfectamente personal y comunitario a la vez*.

5. Al hablar del cuerpo glorificado por medio de la resurrección en la vida futura, pensamos en el hombre varón-mujer, en toda la verdad de su humanidad: el hombre que *juntamente con la experiencia escatológica del Dios vivo* (en la visión «cara a cara»), *experimentará precisamente este significado del propio cuerpo*. Se tratará de una experiencia totalmente nueva y, a la vez, no será extraña, en modo alguno, a aquello en lo que el hombre ha tenido parte «desde el principio», y ni siquiera a aquello que, en la dimensión histórica de su existencia ha constituido en él la fuente de la tensión entre el espíritu y el cuerpo, y que se refiere más que nada precisamente al significado procreador del cuerpo y del sexo. El hombre del «mundo futuro» volverá a encontrar en esta nueva experiencia del propio cuerpo precisamente la *realización* de lo que llevaba en sí perenne e históricamente, en cierto sentido, como heredad y, aún más, como tarea y objetivo, como contenido del *ethos*.

6. La *glorificación del cuerpo*, como fruto escatológico de su espiritualización divinizante, revelará el valor definitivo de lo que desde el principio debía ser un signo distintivo de la persona creada en el mundo visible, como también un medio de la comunicación recíproca entre las personas y una expresión auténtica de la verdad y del amor, por los que se construye la *communio personarum*. Ese perenne significado del cuerpo humano, al que la existencia de todo hombre, marcado por la heredad de la concupiscencia, ha acarreado necesariamente una serie de limitaciones, luchas y sufrimientos, se descubrirá entonces de nuevo, y se descubrirá *en tal sencillez y esplendor*, a la vez, que cada uno de los participantes del «otro mundo» volverá a encontrar en su cuerpo glorificado la fuente de la libertad del don. La perfecta «libertad de los hijos de Dios» (cfr *Rom* 8,14) alimentará con ese don también cada una de las comuniones que constituirán la gran comunidad de la comunión de los santos.

7. Resulta demasiado evidente que –a base de las experiencias y conocimientos del hombre en la temporalidad, esto es, en «este mundo»– *es difícil construir una imagen plenamente adecuada* del «mundo futuro». Sin embargo, al mismo tiempo, no hay duda de que, con la ayuda de las palabras de Cristo, es posible y asequible, al menos, una cierta aproximación a esta imagen. Nos servimos de esta aproximación teológica, profesando nuestra fe en la «resurrección de los muertos» y en la «vida eterna», como también la fe en la «comunión de los santos», que pertenece a la realidad del «mundo futuro».

8. Al concluir esta parte de nuestras reflexiones, conviene constatar una vez más que las palabras de Cristo referidas por los Evangelios sinópticos (*Mt* 22, 30; *Mc* 12, 25; *Lc* 20, 34-35) tienen un *significado determinante* no sólo por lo que concierne a las palabras del libro del Gé-

nesis (a las que Cristo se refiere en otra circunstancia), sino también por lo que respecta a toda la Biblia. Estas palabras nos permiten, en cierto sentido, revisar de nuevo –esto es, hasta el fondo– todo el significado revelado del cuerpo, el significado de ser hombre, es decir, persona «encarnada», de ser, en cuanto cuerpo, varón-mujer. Estas palabras nos permiten comprender lo que puede significar, en la dimensión escatológica del «otro mundo», esa unidad en la humanidad, que ha sido constituida «en el principio» y que las palabras del Génesis 2, 24 («el hombre... se unirá a su mujer y los dos serán una sola carne»), pronunciadas en el acto de la creación del hombre como varón y mujer, parecían orientar, si no completamente, al menos, en todo caso, de manera especial hacia «este mundo». Dado que las palabras del libro del Génesis eran como el umbral de toda la teología del cuerpo –umbral sobre la que se basó Cristo en su enseñanza sobre el matrimonio y su indisolubilidad–, entonces hay que admitir que sus palabras referidas por los sinópticos son como *un nuevo umbral* de esta *verdad integral sobre el hombre*, que volvemos a encontrar en la Palabra revelada de Dios. Es indispensable que nos detengamos en este umbral, si queremos que nuestra teología del cuerpo –y también nuestra «espiritualidad del cuerpo» cristiana– puedan servirse de ellas como de una imagen completa.

Capítulo VII
EXPLICACIÓN PAULINA
SOBRE LA RESURRECCIÓN*

1. Durante las audiencias procedentes hemos reflexionado sobre las palabras de Cristo acerca del «otro mundo», que emergerá juntamente con la resurrección de los cuerpos.

Estas palabras tuvieron una resonancia singularmente intensa en la enseñanza de San Pablo. Entre la respuesta dada a los saduceos, transmitida por los Evangelios sinópticos (cfr *Mt* 22, 30; *Mc* 12, 25; *Lc* 20, 35-36), y el apostolado de Pablo tuvo lugar ante todo el hecho de la resurrección de Cristo mismo y una serie de encuentros con el Resucitado, entre los cuales hay que contar, como último eslabón el evento ocurrido en las cercanías de Damasco. Saulo o Pablo de Tarso que, una vez convertido, vino a ser el «Apóstol de los Gentiles», tuvo también *la propia experiencia postpascual*, análoga a la de los otros Apóstoles. En la base de su fe en la resurrección, que él expresa sobre todo en la primera Carta a los Corintios (capítulo 15), está ciertamente ese encuentro con el Resucitado, que se convirtió en el comienzo y fundamento de su apostolado.

2. Es difícil resumir aquí y comentar adecuadamente la estupenda y amplia argumentación del capítulo 15 de

---

* Audiencia general (27-I-1982).

la primera Carta a los Corintios en todos sus pormenores. Resulta significativo que, mientras Cristo con las palabras referidas por los Evangelios sinópticos respondía a los saduceos, que «niegan la resurrección» (*Lc* 20, 27), Pablo, por su parte, responde, o mejor, polemiza (según su temperamento) con los que le contestan[1]. Cristo, en su respuesta (pre-pascual) no hacía referencia a la propia resurrección, sino que se remitía a la realidad fundamental de la Alianza veterotestamentaria, a la realidad de Dios vivo, que está en la base del convencimiento sobre la posibilidad de la resurrección: el Dios vivo «no es Dios de muertos, sino de vivos» (*Mc* 12, 27). Pablo, en su argumentación postpascual sobre la resurrección futura, se remite sobre todo a la realidad y a la verdad de la resurrección de Cristo. Más aún, defiende esta verdad incluso como fundamento de la fe en su integridad: «...Si Cristo no resucitó, vana es nuestra predicación, vana también es vuestra fe... Pero no: Cristo ha resucitado de entre los muertos» (*1 Cor* 15, 14, 20).

3. Aquí nos encontramos en la misma línea de la Revelación: *la resurrección de Cristo es la última* y más plena palabra *de la autorrevelación* del Dios vivo como «Dios no de muertos, sino de vivos» (*Mc* 12, 27). Es la última y más plena confirmación de la verdad sobre Dios que desde el principio se manifiesta a través de esta revelación. Además, la resurrección es la respuesta del Dios de la vida a lo inevitable histórico de la muerte, a la que el hombre está sometido desde el momento de la ruptura de la primera Alianza y que, juntamente con el pecado, en-

---

[1] Los Corintios probablemente estaban afectados por corrientes de pensamiento basadas en el dualismo platónico y en el neopitagorismo de matiz religioso, en el estoicismo y en el epicureísmo; por lo demás, todas las filosofías griegas negaban la resurrección del cuerpo. Pablo ya había experimentado en Atenas la reacción de los griegos ante la doctrina de la resurrección, durante su discurso en el Areópago (cfr *Act* 17, 32).

tró en su historia. Esta respuesta acerca de la victoria lograda sobre la muerte, está ilustrada por la primera Carta a los Corintios (capítulo 15) con una perspicacia singular, presentando la resurrección de Cristo como el comienzo de ese cumplimiento escatológico, en el que por Él y en Él todo retornará al Padre, todo le será sometido, esto es, entregado de nuevo definitivamente, para que «Dios sea todo en todos» (*1 Cor* 15, 28). Y entonces –en esta definitiva victoria sobre el pecado, sobre lo que contraponía la criatura al Creador– será vencida también la muerte: «El último enemigo reducido a la nada será la muerte» (*1 Cor* 15, 26).

4. En este contexto se insertan las palabras que pueden ser consideradas síntesis de la *antropología paulina* concerniente a la *resurrección*. Y sobre estas palabras convendrá que nos detengamos aquí más largamente. En efecto, leemos en la primera Carta a los Corintios 15, 42-46, acerca de la resurrección de los muertos: «Se siembra en corrupción y se resucita en incorrupción. Se siembra en ignominia y se levanta en gloria. Se siembra en flaqueza y se levanta en poder. Se siembra cuerpo animal y se levanta cuerpo espiritual. Que por eso está escrito: el primer hombre, Adán, fue hecho alma viviente; el último Adán, espíritu vivificante. Pero no es primero lo espiritual, sino lo animal; después lo espiritual».

5. Entre esta antropología paulina de la resurrección y la que emerge del texto de los Evangelios sinópticos (cfr *Mt* 22, 30; *Mc* 12, 25; *Lc* 20, 35-36), hay una coherencia esencial, sólo que el texto de la primera Carta a los Corintios está más desarrollado. Pablo profundiza en lo que había anunciado Cristo, penetrando, a la vez, en los varios aspectos de esa verdad que las palabras escritas por los sinópticos expresaban de modo conciso y sustancial. Además, es significativo en el texto paulino que la *pers-*

pectiva escatológica del hombre, basada sobre la fe «en la resurrección de los muertos», *está unida con la referencia al «principio»*, como también con la profunda conciencia de *la situación «histórica» del hombre.* El hombre al que Pablo se dirige en la primera Carta a los Corintios y que se opone (como los saduceos) a la posibilidad de la resurrección, tiene también su experiencia («histórica») del cuerpo, y de esta experiencia resulta con toda claridad que el cuerpo es «corruptible», «débil», «animal», «innoble».

6. A este hombre, destinatario de su escrito –tanto en la comunidad de Corinto, como también, diría, en todos los tiempos–, Pablo lo confronta con Cristo resucitado, «el último Adán». Al hacerlo así, le invita, en cierto sentido, a seguir las huellas de la propia experiencia postpascual. A la vez le recuerda «el primer Adán», o sea, le induce a dirigirse al «principio», a esa primera verdad acerca del hombre y el mundo, que está en la base de la revelación del misterio del Dios vivo. Así, pues, Pablo *reproduce en su síntesis todo lo que Cristo había anunciado, cuando se remitió, en tres momentos diversos, al «principio» en la coversación con los fariseos* (cfr *Mt* 19, 3-8; *Mc* 10, 2-9); al «corazón» humano, como lugar de lucha con las conscupicencias en el interior del hombre, durante el sermón de la montaña (cfr *Mt* 5, 27); y a la resurrección como realidad del «otro mundo», en la conversación con los saduceos (cfr *Mt* 22, 30; *Mc* 12. 25; *Lc* 20, 35-36).

7. Al estilo de la síntesis de Pablo pertenece, pues, el hecho de que ella hunde sus raíces en el conjunto del misterio revelado de la creación y de la redención, del que se desarrolla y a cuya luz solamente se explica. La creación del hombre, según el relato bíblico, es una vivificación de la materia mediante el espíritu gracias al cual «el primer Adán... fue hecho alma viviente» (*1 Cor* 15,

45). El texto paulino repite aquí las palabras del libro del Génesis 2, 7, es decir, del segundo relato de la creación del hombre (llamado: relato yahvista). Por la misma fuente se sabe que esta originaria «animación del cuerpo» sufrió una corrupción a causa del pecado. Aunque en este punto de la primera Carta a los Corintios el autor no hable directamente del pecado original, sin embargo la serie de definiciones que atribuye al cuerpo del hombre histórico, escribiendo que es «corruptible... débil... animal... innoble...», indica suficientemente lo que, según la revelación, es consecuencia del pecado, lo que el mismo Pablo llamará en otra parte «esclavitud de la corrupción» (*Rom* 8, 21). A esta *«esclavitud de la corrupción» está sometida indirectamente toda la creación a causa del pecado del hombre,* el cual fue puesto por el Creador en medio del mundo visible para que «dominase» (cfr *Gen* 1, 28). De este modo el pecado del hombre tiene una dimensión no sólo interior, sino también «cósmica». Y según esta dimensión, el cuerpo –al que Pablo (de acuerdo con su experiencia) caracteriza como «corruptible... débil... animal... innoble...»– manifiesta en sí el estado de la creación, en efecto, «gime y siente dolores de parto» (*Rom* 8, 22). Sin embargo, como los dolores del parto van unidos al deseo del nacimiento, a la esperanza de un nuevo hombre, así también toda la creación espera «con impaciencia la manifestación de los hijos de Dios... con la esperanza de que también ella será libertada de la servidumbre de la corrupción para participar en la libertad de la gloria de los hijos de Dios» (*Rom* 8, 19-21).

8. A través de este contexto «cósmico» de la afirmación contenida en la Carta a los Romanos –en cierto sentido, a través del «cuerpo de todas las criaturas»–, tratamos de comprender hasta el fondo la interpretación paulina de la resurrección. Si esta imagen del cuerpo del hombre histórico, tan profundamente realista y adecuada

a la experiencia universal de los hombres, *esconde en sí*, según Pablo, *no sólo la «servidumbre de la corrupción»*, sino también la esperanza, semejante a la que acompaña a «los dolores del parto», esto sucede porque el Apóstol capta en esta imagen también *la presencia del misterio de la redención*. La conciencia de ese misterio brota precisamente de todas las experiencias del hombre que se pueden definir como «servidumbre de la corrupción»; y brota porque la redención actúa en el alma del hombre mediante *los dones del Espíritu*: «...También nosotros, que tenemos las primicias del Espíritu, gemimos dentro de nosotros mismos suspirando por la adopción, por la redención de nuestro cuerpo» (*Rom* 8, 23). La redención es el camino para la resurrección. La resurrección constituye el cumplimiento definitivo de la redención del cuerpo.

Reanudaremos el análisis del texto paulino de la primera Carta a los Corintios en nuestras reflexiones ulteriores.

Capítulo VIII
LA INMORTALIDAD*

1. De las palabras de Cristo sobre la futura resurrección de los muertos, referidas por los tres Evangelios sinópticos (Mateo, Marcos y Lucas), hemos pasado a la antropología paulina sobre la resurrección. Analicemos la primera Carta a los Corintios, capítulo 15, versículos 42-49.

En la resurrección el cuerpo humano se manifiesta –según las palabras del Apóstol– «incorruptible, glorioso, lleno de poder, espiritual». La resurrección, pues, no es sólo una manifestación de la vida que vence la muerte –como un retorno final al árbol de la Vida, del que el hombre fue alejado en el momento del pecado original–, sino que es también una revelación de los últimos destinos del hombre en toda la plenitud de su naturaleza psicosomática y de su subjetividad personal. Pablo de Tarso –que siguiendo las huellas de los otros Apóstoles experimentó en el encuentro con Cristo resucitado el estado de su cuerpo glorificado–, basándose en esta experiencia, anuncia en la Carta a los Romanos «*la redención del cuerpo*» (*Rom* 8, 23), y en la Carta a los Corintios (*1 Cor* 15, 42-49) *el cumplimiento de esta redención en la futura resurrección*

2. El método literario que San Pablo aplica aquí, co-

---

* Audiencia general (3-II-82).

rresponde perfectamente a su estilo. Se sirve de antítesis, que a la vez acercan lo que contraponen y de este modo resultan útiles para hacernos comprender el pensamiento paulino sobre la resurrección: tanto en su dimensión «cósmica», como en lo que se refiere a la característica de la misma estructura interna del hombre «terrestre» y «celeste». Efectivamente, el Apóstol, al contraponer Adán y Cristo (resucitado) –o sea, el primer Adán al último Adán– muestra, en cierto sentido los dos polos, entre los cuales, en el misterio de la creación y de la redención, *está situado el hombre* en el cosmos; también se podría decir que el hombre ha sido «puesto en tensión» entre estos dos polos *con la perspectiva de los destinos eternos*, que se refieren, desde el principio hasta el fin, a su misma naturaleza humana. Cuando Pablo escribe: «El primer hombre, sacado de la tierra, es terreno; el segundo hombre es del cielo» (*1 Cor* 15, 47), piensa tanto en Adán-hombre, como también en Cristo en cuanto hombre. Entre estos dos polos –entre el primero y el último Adán– se desarrolla el proceso que él expresa con las siguientes palabras: «Como llevamos la imagen del hombre terreno, llevaremos también la imagen del celestial» (*1 Cor* 15, 49).

3. Este «hombre celestial» –el hombre de la resurrección cuyo prototipo es Cristo resucitado– no es tanto la antítesis y negación del «hombre terreno» (cuyo prototipo es el «primer Adán»), sino, sobre todo, su cumplimiento y su confirmación. Es el cumplimiento y la confirmación de lo que corresponde a la constitución psicosomática de la humanidad, en el ámbito de los destinos eternos, esto es, en el pensamiento y en los designios de Aquel que, desde el principio, creó al hombre a su imagen y semejanza. La humanidad del «primer Adán», «hombre terreno», diría que lleva en sí *una particular potencialidad* (que es capacidad y disposición) *para acoger todo lo que vino a ser el «segundo Adán» el hombre celestial*, o sea, Cristo: *lo* que Él vino a ser

en su resurrección. Esa humanidad de la que son partícipes todos los hombres, hijos del primer Adán, y que, juntamente con la herencia del pecado –siendo carnal– es, al mismo tiempo, «corruptible», y lleva en sí la potencialidad de la «incorruptibilidad».

Esa humanidad, que en toda su constitución psicosomática se manifiesta «innoble» y, sin embargo, lleva en sí el deseo interior de la gloria, esto es, la tendencia y la capacidad de convertirse en «gloriosa», a imagen de Cristo resucitado. Finalmente, la misma humanidad, de la que el Apóstol dice –conforme a las experiencia de todos los hombres– que es «débil» y tiene «cuerpo animal», lleva en sí la aspiración a convertirse en «llena de poder» y «espiritual» .

4. Aquí hablamos de la naturaleza humana en su integridad, es decir, de la humanidad en su constitución psicosomática. En cambio, Pablo habla del «cuerpo». Sin embargo, podemos admitir, basándonos en el contexto inmediato y en el remoto, que para él se trata no sólo del cuerpo, sino de todo el hombre en su corporeidad, por lo tanto, también de su complejidad ontológica. De hecho, no hay duda alguna de que si precisamente en todo el mundo visible (cosmos), ese único cuerpo que es el *cuerpo* humano, lleva en sí la «potencialidad de la resurrección», esto es, la aspiración y la capacidad de llegar a ser definitivamente «incorruptible, glorioso, lleno de poder, espiritual», esto ocurre porque, permaneciendo desde el principio en la unidad psicosomática del ser personal, *puede tomar y reproducir en esta «terrena» imagen y semejanza de Dios* también *la imagen «celeste»* del último Adán, *Cristo*. La antropología paulina sobre la resurrección es cósmica y, a la vez universal: cada uno de los hombres lleva en sí la imagen de Adán y cada uno está llamado también a llevar en sí la imagen de Cristo, la imagen del Resucitado. Esta imagen es la realidad del

«otro mundo», la realidad escatológica (San Pablo escribe: «llevaremos»); pero, al mismo tiempo, esa imagen es ya en cierto sentido una realidad de este mundo, puesto que se ha revelado en él mediante la resurrección de Cristo. Es una realidad injertada en el hombre de «este mundo», realidad que en él está madurando hacia el cumplimiento final.

5. Todas las antítesis que se suceden en el texto de Pablo ayudan a construir un esbozo válido de la antropología sobre la resurrección. Este esbozo es, a la vez, más detallado que el que emerge del texto de los Evangelios sinópticos (*Mt* 22, 30; *Mc* 12, 25; *Lc* 20, 34-35), pero, por otra parte, es, en cierto sentido, más unilateral. Las palabras de Cristo referidas por los Sinópticos, abren ante nosotros la perspectiva de la perfección escatológica del cuerpo, sometido plenamente a la profundidad divinizadora de la visión de Dios «cara a cara», en la que hallará su fuente inagotable tanto la «virginidad» perenne (unida al significado esponsalicio del cuerpo), como la «intersubjetividad» perenne de todos los hombres, que vendrán a ser (como varones y mujeres) partícipes de la resurrección. El *esbozo paulino* de la perfección escatológica del cuerpo glorificado parece quedar *más bien en el ámbito de la misma estructura interior del hombre-persona*. Su interpretación de la resurrección futura parecería vincularse al «dualismo» cuerpo-espíritu que constituye la fuente del «sistema de fuerzas» interior en el hombre.

6. Este «sistema de fuerzas» experimentará un cambio radical en la resurrección. Las palabras de Pablo, que lo sugieren de modo explícito, no pueden, sin embargo, entenderse e interpretarse según el espíritu de la antropología dualística[1], como trataremos de demostrar en la

---

[1] «Paul ne tient absolutement pas compte de la dichotomie grecque 'âme et corps'... L'apôtre recourt à une sorte de trichotomie où la

continuación de nuestro análisis. Efectivamente, nos convendrá dedicar todavía una reflexión a la antropología de la resurrección a la luz de la primera Carta a los Corintios.

---

toutalité de l'homme est corps âme et esprit... Tous ces termes sont mouvants et la division elle-même n'á pas de frontiere fixe. Il y a insistance sur le fait que le corps el l'âme sont capables d'ètre 'pneumatiques', spirituels» (B. RIGAUX, *Dieu la ressuscité. Exégèse et theologie biblique*, Gembloux 1973, Duculot, pp. 406-408).

Capítulo IX
LA ESPIRITUALIZACIÓN DEL CUERPO
FUENTE DE SU INCORRUPTIBILIDAD*

1. De las palabras de Cristo sobre la futura resurrección de los cuerpos, referidas por los tres Evangelios sinópticos (Mateo, Marcos y Lucas), hemos pasado en
nuestras reflexiones a ese tema sobre «la resurrección»
según San Pablo a los Corintios (cap. 15). Nuestro análisis se centra sobre todo en lo que se podría denominar
«antropología sobre la resurrección» según San Pablo. El
autor de la Carta contrapone el estado del hombre «de
tierra» (esto es, histórico) al estado del hombre resucitado, caracterizando, de modo lapidario y, a la vez, penetrante, el interior «sistema de fuerzas» específico de
cada uno de estos estados.

2. Que este sistema interior de fuerzas deba experi-
mentar en la resurrección una transformación radical,
parece indicado, ante todo, por la contraposición entre
cuerpo «débil» y cuerpo «lleno de poder». Pablo escribe:
«Se siembra en corrupción, y resucita en incorrupción.
Se siembra en ignominia y se levanta en gloria. Se siembra en flaquezas y se levanta en poder» (*1 Cor* 15, 42-43).
«Débil» es, pues, el cuerpo que –empleando el lenguaje
metafísico– surge de la tierra temporal de la humanidad.

---

* Audiencia general (10-II-1982).

La metáfora paulina corresponde igualmente a la terminología científica, que define el comienzo del hombre en cuanto cuerpo con el mismo término *(semen)*. Si a los ojos del Apóstol, el cuerpo humano que surge de la semilla terrestre resulta «débil», esto significa no sólo que es «corruptible», sometido a la muerte y a todo lo que a ella conduce, sino también que es «cuerpo animal»[1]. En cambio, el cuerpo «lleno de poder» que el hombre heredará del último Adán, Cristo, en cuanto partícipe de la futura resurrección, será un cuerpo «espiritual». Será incorruptible, ya no amenazado por la muerte. Así, pues, la antinomia «débil-lleno de poder» se refiere explícitamente no tanto al cuerpo considerado aparte, cuanto a toda la constitución del hombre considerado en su corporeidad. Sólo en el marco de esta constitución el cuerpo puede convertirse en «espiritual»; y *esta espiritualización del cuerpo será la fuente de su fuerza e incorruptibilidad* (o inmortalidad).

3. Este tema tiene sus orígenes ya en los primeros capítulos de libro del Génesis. Se puede decir que San Pablo ve la realidad de la futura resurrección como una cierta *restitutio in integrum,* es decir, como la reintegración y, a la vez, el logro de la plenitud de la humanidad.

---

[1] El original griego emplea aquí el término *psychikón.* En San Pablo este término sólo aparece en la primera Carta a los Corintios (2, 14; 15, 44; 15, 46) y *en ninguna otra parte,* probablemente a causa de las tendencias pregnósticas de los Corintios, y *tiene un significado peyorativo;* respecto al contenido, corresponde al término «carnal» (cfr *2 Cor* 1, 12; 10, 4).

Sin embargo, en otras Cartas paulinas la «psiche» y sus derivados significan la existencia terrena del hombre en sus manifestaciones, el modo de vivir del individuo e incluso la misma persona humana *en sentido positivo* (por ejemplo: para indicar el ideal de vida de la comunidad eclesial: *miâ-i psychê-i* = «en un solo espíritu»: *Flp* 1, 27; *sympsychoi* = «con la unión de vuestros espíritus: *Flp* 2. 2; *isópsychon* = «de ánimo igual»: *Flp* 2, 20; cfr R. JEWETT, *Paul's Anthropological Terms. A. Study of Their Use in Conflict Settings, Leiden 1971,* Brill, pp. 2, 448-449).

No se trata sólo de una restitución, porque en este caso la resurrección sería, en cierto sentido, retorno a aquel estado del que participaba el alma antes del pecado, al margen del conocimiento del bien y del mal (cfr *Gen* 1-2). Pero este retorno no corresponde a la lógica interna de toda la economía salvífica, al significado más profundo del misterio de la redención. *Restitutio in integrum*, vinculada con la resurrección y con la realidad del «otro mundo», puede ser sólo *introducción a una nueva plenitud*. Ésta será una plenitud que presupone toda la historia del hombre, formada por el drama del árbol de la ciencia del bien y del mal (cfr *Gen* 3) y, al mismo tiempo, penetrada por el misterio de la redención.

4. Según las palabras de la primera Carta a los Corintios, el hombre en quien la concupiscencia prevalece sobre la espiritualidad, esto es, el «cuerpo animal» (*1 Cor* 15, 44), está condenado a la muerte; en cambio, debe resucitar un «cuerpo espiritual», el hombre en quien el espíritu obtendrá una justa supremacía sobre el cuerpo, la espiritualidad sobre la sensualidad. Es fácil entender que Pablo piensa aquí en la sensualidad como suma de los factores que constituyen la limitación de la espiritualidad humana, es decir, esa fuerza que «ata» al espíritu (no necesariamente en el sentido platónico) mediante la restricción de su propia facultad de conocer (ver) la verdad y también de la facultad de querer libremente y de amar en la verdad. En cambio, no puede tratarse aquí de esa función fundamental de los sentidos, que sirve para liberar la espiritualidad, esto es, de la simple facultad de conocer y querer, propia del *compositum* psicosomático del sujeto humano. Puesto que se habla de la resurrección del cuerpo, es decir, del hombre en su auténtica corporeidad, consiguientemente el «cuerpo espiritual» debería significar precisamente *la perfecta sensibilidad de los sentidos, su perfecta armonización con la actividad del espíritu hu-*

mano en la verdad y en la libertad, El «cuerpo animal», que es la antítesis terrena del «cuerpo espiritual», indica, en cambio, la sensualidad como fuerza que frecuentemente perjudica al hombre, en el sentido de que él, viviendo «en el conocimiento del bien y del mal» está solicitado y como impulsado hacia el mal.

5. No se puede olvidar que se trata aquí no sólo del dualismo antropológico, sino más aún de una antinomia de fondo. De ella forma parte no sólo el cuerpo (como *hyle* aristotélica), sino también el alma: o sea, el hombre como «alma viviente» (cfr *Gen* 2, 7). En cambio, sus constitutivos son: por un lado, todo el hombre, el conjunto de su subjetividad psicosomática, en cuanto permanece bajo el influjo del Espíritu vivificante de Cristo; por otro lado, el mismo hombre, en cuanto resiste y se contrapone a este Espíritu. En el segundo caso, el hombre es «cuerpo animal» (y sus obras son «obras de la carne»). En cambio *si permanece bajo el influjo del Espíritu Santo*, el hombre es «espiritual» (y produce el «fruto del Espíritu»; *Gal* 5, 22).

6. Por lo tanto, se puede decir que no sólo en *1 Cor* 15 nos encontramos con la antropología sobre la resurrección, sino que toda la antropología (y la ética) de San Pablo están penetradas por el misterio de la resurrección, mediante el cual hemos recibido definitivamente el Espíritu Santo. El capítulo 15 de la primera Carta a los Corintios constituye la interpretación paulina del «otro mundo» y del estado del hombre en ese mundo, en el que cada uno, juntamente con la resurrección del cuerpo, participará plenamente del don del Espíritu vivificante, esto es, del fruto de la resurrección de Cristo.

7. Concluyendo el análisis de la «antropología sobre la resurrección» según la primera Carta de Pablo a los

Corintios, nos conviene una vez más *dirigir la mente hacia las palabras de Cristo* sobre la resurrección y sobre el «otro mundo», palabras que refieren los Evangelistas Mateo, Marcos y Lucas. Recordemos que, al responder a los saduceos, Cristo unió la fe en la resurrección con toda la revelación del Dios de Abraham, de Isaac, de Jacob y de Moisés, que «no es Dios de muertos, sino de vivos» (*Mt* 22, 32). Y, al mismo tiempo, rechazando la dificultad presentada por los interlocutores, pronunció estas significativas palabras: «Cuando resuciten de entre los muertos... no tomarán mujer ni marido» (*Mc* 12, 25). Precisamente a esas palabras –en su contexto inmediato– hemos dedicado nuestras precedentes consideraciones, pasando luego al análisis de la primera Carta de San Pablo a los Corintios (*1 Cor* 15).

Estas reflexiones tienen un significado fundamental para toda la teología del cuerpo: *para comprender, tanto el matrimonio, como el celibato «por el reino de los cielos».* A este último tema estarán dedicados nuestros ulteriores análisis.

SEGUNDA PARTE

LA VIRGINIDAD CRISTIANA

Capítulo X
EL CELIBATO POR EL REINO DE LOS CIELOS*

1. Comenzamos hoy a reflexionar sobre la virginidad o celibato «por el reino de los cielos».

La cuestión de la llamada a una donación exclusiva de sí a Dios en la virginidad y en el celibato, hunde profundamente sus raíces en el terreno evangélico de la teología del cuerpo. Para poner de relieve las dimensiones que le son propias, es necesario tener presentes las palabras, con las que Cristo hizo referencia al «principio», y también aquéllas con las que Él se remitió a la resurrección de los cuerpos. La constatación: «Cuando resuciten de entre los muertos... ni los hombres tomarán mujer ni las mujeres marido» (*Mc* 12, 25) indica que hay una condición de vida, sin matrimonio, en la que el hombre, varón y mujer, halla a un tiempo la plenitud de la donación personal y de la intersubjetiva comunión de las personas, gracias a la glorificación de todo su ser psicosomático en la unión perenne con Dios. Cuando la llamada a la continencia «por el reino de los cielos» encuentra eco en el alma humana, en las condiciones de la temporalidad, esto es en las condiciones en que las personas de ordinario «toman mujer y toman marido» (*Lc* 20, 34), no resulta difícil percibir allí *una sensibilidad especial del espíritu humano,* que ya en las condiciones de la temporalidad *pare-*

* Audiencia general (10-III-1982).

ce anticipar aquello de lo que el hombre será partícipe en la resurrección futura.

2. Sin embargo, Cristo no habló de este problema, de esta vocación particular, en el contexto inmediato de su conversación con los saduceos (cfr *Mt* 22, 23-30; *Mc* 12, 18-25; *Lc* 20, 27-36), cuando se refirió a la resurrección de los cuerpos. En cambio, había hablado de ella (ya antes) en el contexto de la conversación con los fariseos sobre el matrimonio y sobre las bases de su indisolubilidad, casi como prolongación de ese coloquio (cfr *Mt* 19, 3-9). Sus palabras conclusivas se refieren al así llamado libelo de repudio, permitido por Moisés en algunos casos. Dice Cristo: «Por la dureza de vuestro corazón os permitió Moisés repudiar a vuestras mujeres, pero al principio no fue así. Y yo os digo que quien repudia a su mujer (salvo caso de adulterio) y se casa con otra, adultera» (*Mt* 19, 8-9). Entonces, los discípulos que –como se puede deducir del contexto– estaban escuchando atentamente aquella conversación, y en particular las últimas palabras pronunciadas por Jesús, le dijeron así: «Si tal es la condición del hombre con la mujer, preferible es no casarse» (*Mt* 19, 10). Cristo les da la respuesta siguiente: «No todos entienden esto, *sino aquellos a quienes ha sido dado*. Porque hay eunucos que nacieron así del vientre de su madre, y hay eunucos que fueron hechos por los hombres, y hay eunucos que *a sí mismos se han hecho tales por amor del reino de los cielos*. El que pueda entender, que entienda» (*Mt* 19, 11-12).

3. Respecto a esta conversación referida por Mateo, se nos puede plantear la pregunta: ¿Qué pensaban los discípulos, cuando, después de haber oído la respuesta que Jesús había dado a los fariseos sobre el matrimonio y su indisolubilidad, hicieron la observación: «Si tal es la condición del hombre con la mujer, preferible es no ca-

sarse»? En todo caso, Cristo creyó oportuna esa circunstancia para hablarles de la continencia voluntaria por el reino de los cielos. Al decir esto, no toma posición directamente respecto al enunciado de los discípulos, ni permanece en la línea de su razonamiento[1]. Por tanto, no responde: «conviene casarse» o «no conviene casarse». La cuestión de la continencia por el reino de los cielos no se contrapone al matrimonio, ni se basa sobre un juicio negativo con relación a su importancia. Por lo demás, Cristo, al hablar precedentemente de la indisolubilidad del matrimonio, se había referido al «principio», esto es, al misterio de la creación, indicando así la primera y fundamental fuente de su valor. En consecuencia, para responder a la pregunta de los discípulos, o mejor, para esclarecer el problema planteado por ellos, Cristo *recurre a otro principio*. Los que hacen en la vida esta opción «por el reino de los cielos», no observan la continencia por el hecho de que «no conviene casarse», o sea, no por el motivo de un supuesto valor negativo del matrimonio, sino en vista del valor particular que está vinculado con esta opción y que hay que descubrir y aceptar personalmente como vocación propia. Y por esto, Cristo dice: «El que pueda entender, que entienda» (*Mt* 19, 12). En cambio, inmediatamente antes dice: «No todos entienden esto, sino aquellos a quienes ha sido dado» (*Mt* 19, 11).

4. Como se ve, Cristo en su respuesta al problema que le plantean los discípulos, *precisa claramente una regla para comprender* sus palabras. En la doctrina de la Iglesia está vigente la convicción de que estas palabras no expresan *un mandamiento* que obliga a todos, sino *un consejo*

---

[1] Sobre los problemas más detallados de la exégesis de este pasaje, cfr, por ejemplo, L. SABOURIN, *Il Evangelio di Matteo. Teologia e Esegesi,* vol. II, Roma 1977, Ediciones Paulinas, pp. 834-836; *The Positive Values of Consecrated Celibacy,* en «The Way», Suplement 10, summer 1970, p. 51; J. BLINZLER, *Eisin eunuchoi. Zur Auslegung von Mt* 19, 12, «Zeitschrift für die Neutestamentiliche Wissenschaft», 48, 1957, pp. 268 ss.

que se refiere sólo a algunas personas[2]: precisamente a las que están en condiciones «de entenderlo». Y están en condiciones «de entenderlo» aquellos «a quienes ha sido dado». Las palabras citadas indican claramente el momento de la opción personal y a la vez el momento de la gracia particular, esto es, del don que el hombre recibe para hacer tal opción. Se puede decir que la opción de la continencia por el reino de los cielos es una orientación carismática hacia aquel estado escatológico, en que los hombres «no tomarán mujer ni marido»: sin embargo, entre ese estado del hombre en la resurrección de los cuerpos y la opción voluntaria de la continencia por el reino de los cielos en la vida terrena y en el estado histórico del hombre caído y redimido, hay una diferencia esencial. El *no casarse* escatológico será un «estado», es decir, el modo propio y fundamental de la existencia de los seres humanos, hombres y mujeres, en sus cuerpos glorificados. La *continencia* por el reino de los cielos, *como fruto de una opción carismática*, es una excepción respecto al otro estado, esto es, al estado del que el hombre desde «el principio» vino a ser y es partícipe, durante toda la existencia terrena.

5. Es muy significativo que Cristo no vincula directamente sus palabras sobre la continencia por el reino de los cielos con el anuncio del «otro mundo», donde «no tomarán mujer ni marido» (*Mc* 12, 25). En cambio, sus palabras se encuentran –como ya hemos dicho– en la prolongación del coloquio con los fariseos, en el que Jesús se remitió «al principio», indicando la institución del

---

[2] «La santidad de la Iglesia también se fomenta de una manera especial con los múltiples consejos que el Señor propone en el Evangelio para que los observen sus discípulos. Entre ellos destaca el precioso don de la divina gracia, concedido a algunos por el Padre (cfr *Mt* 19,11; *1 Cor* 7, 7), para que se entreguen más fácilmente sólo a Dios en la virginidad o en el celibato, sin dividir con otro su corazón» (*Lumen gentium*, 42).

matrimonio por parte del Creador y recordando el carácter indisoluble que, en el designio de Dios, corresponde a la unidad conyugal del hombre y de la mujer.

El consejo y, por lo tanto, la opción carismática de la continencia por el reino de los cielos están unidos, en las palabras de Cristo, con el reconocimiento máximo del orden «histórico» de la existencia humana, relativo al alma y al cuerpo. Basándonos en el contexto inmediato de las palabras sobre la continencia por el reino de los cielos en la vida terrena del hombre, es preciso ver en la vocación a esta continencia *un tipo de excepción de lo que es más bien una regla común de esta vida.* Esto es lo que Cristo pone de relieve, sobre todo. Que, luego, esta excepción incluya en sí el anticipo de la vida escatológica en la que no se da matrimonio y propia del «otro mundo» (esto es, del estadio final del «reino de los cielos»), esto es algo de lo que Cristo no habla aquí directamente. De hecho, se trata, no de la continencia *en el* reino de los cielos, sino de la continencia *«por* el reino de los cielos». La idea de la virginidad o del celibato, como anticipo y signo escatológico[3], se deriva de la asociación de las palabras pronunciadas aquí con las que Jesús dijo en otra oportunidad, a saber, en la conversación con los saduceos, cuando proclamó la futura resurrección de los cuerpos.

---

[3] Cfr, por ejemplo, *Lumen gentium,* 44; *Perfectae caritatis,* 12.

Capítulo XI
PALABRAS DE JESÚS SOBRE LA VIRGINIDAD*

1. Continuamos la reflexión sobre la virginidad o celibato por el reino de los cielos: tema importante incluso para una completa teología del cuerpo.

En el contexto inmediato de las palabras sobre la continencia por el reino de los cielos, Cristo hace un paralelo muy significativo; y esto nos confirma todavía más en la convicción de que Él quiere arraigar profundamente la vocación a esta continencia en la realidad de la vida terrena, abriéndose así camino en la mentalidad de sus oyentes. Efectivamente, enumera tres clases de eunucos.

Este término se refiere a los defectos físicos que hacen imposible la procreación del matrimonio. Precisamente estos defectos explican las dos primeras clases, cuando Jesús habla tanto de los defectos congénitos: «eunucos que nacieron así del vientre de su madre» (*Mt* 19; 12), como de los defectos adquiridos, causados por intervención humana: «hay eunucos que fueron hechos por los hombres» (*Mt* 19, 12). En ambos casos se trata, pues, de *un estado de coacción,* por lo tanto, no voluntario. Si Cristo, en contraste, habla después de aquellos «que a sí mismos se han hecho tales por amor del reino de los cielos» (*Mt* 19, 12), como de una tercera clase, ciertamente *hace esta distinción para poner de relieve* aún más *su carácter voluntario y sobrenatural.*

---

* Audiencia general (17-III-1982).

Voluntario, porque los que pertenecen a esta clase «*se han hecho a sí mismos* eunucos»; sobrenatural, en cambio, porque lo han hecho «por el reino de los cielos».

2. La distinción es muy clara y muy fuerte. No obstante, es fuerte y elocuente también el contraste. Cristo habla a hombres a quienes la tradición de la Antigua Alianza no había transmitido el ideal del celibato o de la virginidad. El matrimonio era tan común, que sólo una impotencia física podía ser una excepción para el mismo. La respuesta dada a los discípulos en Mateo (19, 10-12) es a la vez una revolución, *en cierto sentido, de toda la tradición del Antiguo Testamento.* Lo confirma un solo ejemplo, tomado del Libro de los Jueces, al que nos referimos aquí no tanto por motivo del desarrollo del hecho, cuanto por las palabras significativas que lo acompañan. «Déjame que... vaya a llorar mi virginidad» (*Jue* 11, 37), dice la hija de Jefté a su padre, después de haber sabido por él que estaba destinada a la inmolación a causa de un voto hecho al Señor. (En el texto bíblico encontramos la explicación de cómo se llegó a tanto). «Ve –leemos luego– y ella se fue por los montes con sus compañeras y lloró por dos meses su virginidad. Pasados los dos meses volvió a su casa y él cumplió en ella el voto que había hecho. No había conocido varón» (*Jue* 11, 38-39).

3. En la tradición del Antiguo Testamento, por lo que se deduce, no hay lugar para este significado del cuerpo, que ahora Cristo, al hablar de la continencia por el reino de Dios, quiere presentar y poner de relieve a los propios discípulos. Entre los personajes que conocemos como guías espirituales del pueblo de la Antigua Alianza, no hay ni uno que haya proclamado esta continencia con las palabras o con la conducta[1]. Entonces el matrimonio no

---

[1] Es verdad que Jeremías debía observar el celibato por orden expresa del Señor (cfr *Jer* 16, 1-2); pero esto fue un «signo profético», que simbolizaba el futuro abandono y la destrucción del país y del pueblo.

era sólo un estado común, sino, además, en aquella tradición había adquirido *un significado consagrado por la promesa que el Señor había hecho a Abraham:* «He aquí mi pacto contigo: serás padre de una muchedumbre de pueblos... Te acrecentaré muy mucho, y te daré pueblos, y saldrán de ti reyes; yo establezco contigo, y con tu descendencia después de ti por sus generaciones, mi pacto eterno de ser tu Dios y el de tu descendencia después de ti» (*Gen* 17, 4, 6-7). Por esto, en la tradición del Antiguo Testamento el matrimonio, como fuente de fecundidad y de procreación con relación a la descendencia, era *un estado religiosamente privilegiado:* y privilegiado por la misma revelación. En el fondo de esta tradición, según la cual el Mesías debía ser «hijo de David» (*Mt* 20, 30), era difícil entender el ideal de la continencia. Todo hablaba en favor del matrimonio: no sólo las razones de naturaleza humana, sino también las del reino de Dios[2].

4. Las palabras de Cristo señalan en este ámbito un cambio decisivo. Cuando habla a sus discípulos, por primera vez, sobre la continencia por el reino de los cielos, se da cuenta claramente de que ellos, como hijos de la tradición de la Ley antigua, deben asociar el celibato y la virginidad a la situación de los individuos, especialmente del sexo masculino, que a causa de los defectos de naturaleza física no pueden casarse («los eunucos»), y por es-

---

[2] Es verdad, como sabemos por las fuentes extra-bíblicas, que en el período intertestamentario el celibato se mantenía en el ámbito del judaísmo por algunos miembros de la secta de los esenios (cfr FLAVIO JOSEFO, *Bell. Jud.,* II 8-2:120-121; FILÓN, *Hypothet.,* 11, 14); pero esto se realizaba al margen del judaísmo oficial y probablemente no persistió más allá de comienzos del siglo II. En la comunidad de Qumran el celibato no obligaba a todos, pero algunos miembros lo mantenían hasta la muerte, transfiriendo a la convivencia pacífica la prescripción del Deuteronomio (23, 10-14) sobre la pureza ritual que obligaba durante la guerra santa. Según las creencias de los qumranianos, esta guerra duraba siempre «entre los hijos de la luz y los hijos de las tinieblas»; el celibato, pues, para ellos fue la expresión de estar dispuestos a la batalla (cfr *1 Qm* 7, 5-7).

to, se refiere a ellos directamente. Esta referencia tiene un fondo múltiple: tanto histórico como psicológico, tanto ético como religioso. Con esta referencia *Jesús toca –en cierto sentido– todos estos fondos*, como si quisiera hacer notar: Sé que todo lo que os voy a decir ahora, suscitará gran dificultad en vuestra conciencia, en vuestro modo de entender el significado del cuerpo; de hecho, os voy a hablar de la continencia, y esto, sin duda, se asociará en vosotros al estado de deficiencia física, tanto innata como adquirida por causa humana. Yo, en cambio, quiero deciros que la continencia también puede ser voluntaria, y el hombre puede elegirla, «por el reino de los cielos».

5. Mateo, en el capítulo 19, no anota ninguna reacción inmediata de los discípulos a estas palabras. Sólo la encontramos más tarde en los escritos de los Apóstoles, sobre todo en Pablo[3]. Esto confirma que tales palabras se habían grabado en la conciencia de la primera generación de los discípulos de Cristo, y fructificaron luego repetidamente y de múltiples modos en las generaciones de sus confesores en la Iglesia (y quizá también fuera de ella). Desde el punto de vista, pues, de la teología –esto es, de la revelación del significado del cuerpo, totalmente nuevo respecto a la tradición del Antiguo Testamento– éstas son *palabras de cambio*. Su análisis demuestra cuán precisas y sustanciales son, a pesar de su concisión. (Lo constataremos todavía mejor cuando hagamos el análisis del texto paulino de la primera Carta a los Corintios, capítulo 7.) Cristo habla de la continencia «por» el reino de los cielos. De este modo quiere subrayar que este estado, elegido conscientemente por el hombre en la vida temporal, donde de ordinario los hombres «toman mujer y marido», tiene una singular finalidad sobrenatural. La conti-

---

[3] Cfr *1 Cor* 7, 25-40; cfr también *Apoc* 14, 4.

nencia, aun cuando elegida conscientemente y decidida personalmente, pero sin esa finalidad, no entra en el contenido de este enunciado de Cristo. Al hablar de los que han elegido conscientemente el celibato o la virginidad por el reino de los cielos (esto es, «se han hecho a sí mismos eunucos»), Cristo pone de relieve –al menos de modo indirecto– que esta opción, en la vida terrena, va unida *a la renuncia* y también a un determinado *esfuerzo espiritual.*

6. La misma *finalidad sobrenatural* –«por el reino de los cielos»– *admite una serie de interpretaciones* más detalladas, que Cristo no enumera en este pasaje. Pero se puede afirmar que, a través de la fórmula lapidaria de la que se sirve, indica indirectamente todo lo que se ha dicho sobre ese tema en la revelación, en la Biblia y en la Tradición; todo lo que ha venido a ser riqueza espiritual de la experiencia de la Iglesia, donde el celibato y la virginidad por el reino de los cielos han fructificado de muchos modos en las diversas generaciones de los discípulos y seguidores del Señor.

Capítulo XII
VALOR DE LA VIRGINIDAD
Y DEL MATRIMONIO*

1. Continuamos nuestras reflexiones sobre el celibato y la virginidad «por el reino de los cielos».

La continencia *por* el reino de los cielos se relaciona ciertamente con la revelación del hecho de que *en* el reino de los cielos «no se toma ni mujer ni marido» (*Mt* 22, 30). *Se trata de un signo carismático.* El ser humano viviente, varón y mujer, que en la situación terrena, donde de ordinario «toman mujer y marido» (*Lc* 20, 34), elige con libre voluntad la continencia «por el reino de los cielos», indica que en ese reino, que es el «otro mundo» de la resurrección, «no tomarán mujer ni marido» (*Mc* 12, 25), porque Dios será «todo en todos» (*1 Cor* 15, 28). Este ser humano, varón y mujer, manifiesta, pues, la «virginidad» escatológica del hombre resucitado, en el que se revelará, diría, el absoluto y eterno significado esponsalicio del cuerpo glorificado en la unión con Dios mismo, mediante la visión de Él «cara a cara»: y glorificado también mediante una perfecta intersubjetividad, que unirá a todos los «partícipes del otro mundo», hombres y mujeres, en el misterio de la comunión de los santos. La continencia terrena «por el reino de los cielos» es, sin duda, un signo que *indica* esta verdad y esta realidad. Es signo de que el cuerpo, cuyo fin no es la muerte, tiende a la glorifi-

---

* Audiencia general (24-III-1982).

cación y por esto mismo, es ya, diría, entre los hombres un testimonio que anticipa la resurrección futura. Sin embargo, *este signo* carismático del «otro mundo» *expresa la fuerza y la dinámica más auténtica* del misterio de la «redención del cuerpo»: un misterio que ha sido grabado por Cristo en la historia terrena del hombre y arraigado por Él profundamente en esta historia. Así, pues, la continencia «por el reino de los cielos» lleva *sobre todo la impronta de la semejanza con Cristo,* que, en la obra de la redención, hizo Él mismo esta opción «por el reino de los cielos».

2. Más aún, toda la vida de Cristo, desde el comienzo, fue una discreta, pero clara separación de lo que en el Antiguo Testamento determinó tan profundamente el significado del cuerpo. Cristo –casi contra las expectativas de toda la tradición veterotestamentaria– nació de María, que en el momento de la Anunciación dice claramente de sí misma: «¿Cómo podrá ser esto, pues yo no conozco varón?» (*Lc* 1, 34), y profesa, por tanto, su virginidad. Y aunque Él nazca de ella como cada hombre, como un hijo de su madre, aunque esta venida suya al mundo esté acompañada también por la presencia de un hombre que es esposo de María y, ante la ley y los hombres, su marido, sin embargo, la maternidad de María es virginal: y a esta maternidad virginal de María corresponde el misterio virginal de José, que, siguiendo la voz de lo alto, no duda en «recibir a María..., pues lo concebido en ella es obra del Espíritu Santo» (*Mt* 1, 20). Por lo tanto, aunque *la concepción virginal y el nacimiento en el mundo de Jesucristo* estuviesen ocultos a los hombres, aunque ante los ojos de sus coterráneos de Nazaret Él fuese considerado «hijo del carpintero» (*Mt* 13, 55) (*ut putabatur filius Joseph; Lc* 3, 23), sin embargo, la misma realidad y verdad esencial de su concepción y del nacimiento se aparta en sí misma de lo que en la tradición del Antiguo Testa-

mento estuvo exclusivamente en favor del matrimonio, y que juzgaba a la continencia incomprensible y socialmente desfavorecida. Por esto, ¿cómo podía comprenderse «la continencia por el reino de los cielos», si el Mesías mismo debía ser «descendiente de David», esto es, como se pensaba, debía ser hijo de la estirpe real «según la carne»? Sólo María y José, que vivieron el misterio de su concepción y de su nacimiento, se convirtieron en los primeros testigos de una fecundidad diversa de la carnal, esto es, de la fecundidad del Espíritu: «Lo concebido en ella es obra del Espíritu Santo» (*Mt* 1, 20)

3. La historia del nacimiento de Jesús ciertamente está en línea con la revelación de esa «continencia por el reino de los cielos», de la que hablará Cristo, un día, a sus discípulos. Pero este acontecimiento permanece oculto a los hombres de entonces, e incluso a los discípulos. Sólo se desvelará gradualmente ante los ojos de la Iglesia, basándose en los testimonios y en los textos de los Evangelios de Mateo y Lucas. *El matrimonio de María con José* (en el que la Iglesia honra a José como esposo de María y a María como esposa de él), *encierra en sí*, al mismo tiempo, *el misterio* de la perfecta comunión de las personas, del hombre y de la mujer en el pacto conyugal, y a la vez el misterio de esa *singular «continencia por el reino de los cielos»*: continencia que servía, en la historia de la salvación a la más perfecta *«fecundidad del Espíritu Santo»*. Más aún, en cierto sentido, era la absoluta plenitud de esa fecundidad espiritual, ya que precisamente en las condiciones nazarenas del pacto de María y José en el matrimonio y en la continencia, se realizó el don de la encarnación del Verbo Eterno: el Hijo de Dios, consustancial al Padre, fue concebido y nació, como hombre, de la Virgen María. La gracia de la unión hipostática diríamos que está vinculada precisamente con esta absoluta plenitud de la fecundidad sobrenatural, fecundidad en el

Espíritu Santo, participada por una criatura humana, María, en el orden de la «continencia por el reino de los cielos». La maternidad divina de María es también, en cierto sentido, una sobreabundante revelación de esa fecundidad en el Espíritu Santo, al cual somete el hombre su espíritu cuando elige libremente la continencia «en el cuerpo»: precisamente la continencia «por el reino de los cielos».

4. Esta imagen debía desvelarse gradualmente ante la conciencia de la Iglesia en las generaciones siempre nuevas de los confesores de Cristo, cuando –juntamente con el Evangelio de la infancia– se consolidaba en ellos la certeza acerca de la maternidad divina de la Virgen, la cual había concebido por obra del Espíritu Santo. Aunque de modo sólo indirecto –sin embargo, de modo esencial y fundamental– esta certeza debía *ayudar a comprender* por una parte la santidad del matrimonio, y por otra, el desinterés con miras al «reino de los cielos», del que Cristo había hablado a sus discípulos. No obstante, cuando Él les habló por primera vez (como atestigua el evangelista Mateo en el capítulo 19, 10-12), ese gran misterio de su concepción y de su nacimiento, les era completamente desconocido, les estaba oculto, lo mismo que lo estaba a todos los oyentes e interlocutores de Jesús de Nazaret. Cuando Cristo hablaba de los que «se han hecho eunucos a sí mismos por amor del reino de los cielos» (*Mt* 19, 12), los discípulos *sólo* eran capaces de entenderlo, *basándose en su ejemplo* personal. Una continencia así debió grabarse en su conciencia como un rasgo particular de semejanza con Cristo, que permaneció Él mismo célibe «por el reino de los cielos». El apartarse de la tradición de la Antigua Alianza, donde el matrimonio y la fecundidad procreadora «en el cuerpo» habían sido una condición religiosamente privilegiada, debía realizarse, sobre todo, basándose en el ejemplo de Cristo mismo. Sólo, poco a

poco, pudo arraigarse la conciencia de que *por «el reino de los cielos» tiene un significado particular esa fecundidad espiritual y sobrenatural del hombre, que proviene del Espíritu Santo* (Espíritu de Dios), y a la cual, en sentido específico y en casos determinados, *sirve precisamente la continencia,* y ésta es, en concreto, la continencia «por el reino de los cielos».

Más o menos, todos esos elementos de la conciencia evangélica (esto es, conciencia propia de la Nueva Alianza en Cristo) referentes a la continencia, los encontramos en Pablo. Trataremos de demostrarlo oportunamente.

Resumiendo, podemos decir que el tema principal de la reflexión de hoy ha sido la relación entre la continencia «por el reino de los cielos», proclamada por Cristo, y la fecundidad sobrenatural del espíritu humano, que proviene del Espíritu Santo.

Capítulo XIII
LA CONTINENCIA
Y SU FECUNDIDAD SOBRENATURAL*

1. Continuamos reflexionando sobre el tema del celibato y de la virginidad por el reino de los cielos, basándonos en el texto del Evangelio según Mateo (19, 10-20).

Al hablar de la continencia por el reino de los cielos y al fundarla sobre el ejemplo de su propia vida, Cristo deseaba, sin duda, que sus discípulos la entendiesen sobre todo con relación al «reino», que Él había venido a anunciar y para el que indicaba los caminos justos. La continencia, de la que hablaba, es precisamente uno de estos caminos, y como se deduce ya del contexto del Evangelio de Mateo, es un camino particularmente válido y privilegiado. En efecto, *la preferencia dada al celibato y a la virginidad «por el reino» era una novedad absoluta* frente a la tradición de la Antigua Alianza, y tenía un significado determinante, tanto para el *ethos* como para la teología del cuerpo.

2. Cristo, en su enunciado, pone de relieve sobre todo su finalidad. Dice que el camino de la continencia, del que Él mismo da testimonio con la propia vida, no sólo existe y no sólo es posible, sino que es particularmente válido e importante «por el reino de los cielos». Y así

* Audiencia general (31-III-1982).

debe ser, pues que el mismo Cristo lo eligió para sí. Y si
este camino es tan válido e importante, a la continencia
por el reino de los cielos debe corresponder un *valor particular*. Como ya hemos insinuado anteriormente, Cristo no
afrontaba el problema al mismo nivel y en la misma línea
de razonamiento en que lo planteaban los discípulos,
cuando decían: «Si tal es la condición... preferible es no
casarse (*Mt* 19, 10). Estas palabras ocultaban en el fondo
un cierto utilitarismo. En cambio, Cristo indica indirectamente en su respuesta que, si *el matrimonio*, fiel a la institución originaria del Creador (recordemos que el Maestro
precisamente en este punto se refería al «principio»), posee una plena congruencia y valor por el reino de los cielos, *valor fundamental*, universal y ordinario, *la continencia*, por su parte, posee un *valor particular y «excepcional»*
para este reino. Es obvio que se trata de la continencia
elegida conscientemente por motivos sobrenaturales.

3. Si Cristo en su enunciado pone de relieve, ante todo, la finalidad sobrenatural de esa continencia, lo hace
en sentido no sólo objetivo, sino también explícitamente
subjetivo, esto es, señala *la necesidad de una motivación
tal* que corresponda de modo adecuado y pleno a la finalidad objetiva que se manifiesta en la expresión «por el
reino de los cielos». Para realizar el fin de que se trata
—esto es, para descubrir en la continencia esa particular
fecundidad espiritual que proviene del Espíritu Santo— es
necesario quererla y elegirla en virtud de una fe profunda,
da, que no nos muestra sólo el reino de Dios en su cumplimiento futuro, sino que nos permite y hace posible de
modo especial *identificarnos con la verdad y la realidad de
ese reino*, tal como lo revela Cristo en su mensaje evangélico y, sobre todo, con el ejemplo personal de su vida y de
su comportamiento. Por esto, se ha dicho antes que la
continencia «por el reino de los cielos» —en cuanto signo
indudable del «otro mundo»— lleva en sí, sobre todo, el

dinamismo interior del misterio de la redención del cuerpo (cfr *Lc* 20, 35), y en este sentido posee también la característica de una semejanza particular con Cristo. El que elige conscientemente esta continencia, elige, en cierto modo, una *participación* especial en *el misterio de la redención (del cuerpo);* quiere completarla de modo particular, por así decirlo, en la propia carne (cfr *Col* 1, 24), encontrando en esto también la impronta de una semejanza con Cristo.

4. Todo esto se refiere a las motivaciones de la opción (o sea, a su finalidad en sentido subjetivo): al elegir la continencia por el reino de los cielos, el hombre «debe» dejarse guiar precisamente por esta motivación. Cristo, en el caso considerado, no dice que el hombre esté obligado a ello (en todo caso, no se trata ciertamente del deber que brota de un mandamiento); sin embargo, no cabe duda de que sus concisas *palabras sobre la continencia* «por el reino de los cielos» *ponen fuertemente de relieve* precisamente *su motivación.* Y la ponen de relieve (es decir, indican la finalidad de la que el sujeto es consciente), tanto en la primera parte de todo el enunciado, como también en la segunda, indicando que aquí se trata de una opción particular, esto es, propia de una vocación más bien excepcional, no universal y ordinaria. Al comienzo, en la primera parte de su enunciado, Cristo habla de un entendimiento («no todos entienden esto, sino aquellos a quienes ha sido dado»: *Mt* 19, 11); y se trata no de un «entendimiento» en abstracto, sino capaz de influir en la decisión, en la opción personal, en la cual el «don», esto es, la gracia, debe hallar una resonancia adecuada en la voluntad humana. Este *«entendimiento» incluye,* pues, *la motivación.* Luego, la motivación influye en la elección de la continencia, aceptada después de haber comprendido su significado «por el reino de los cielos». Cristo, en la segunda parte de su enunciado, declara,

pues, que el hombre «se hace» eunuco cuando elige la continencia por el reino de los cielos y hace de ella la situación fundamental, o sea, el estado de toda la propia vida terrena. *En una decisión consolidada subsiste la motivación* sobrenatural, por la que fue originada la decisión misma. Subsiste, diría *renovándose continuamente.*

5. Ya nos hemos fijado anteriormente en el significado particular de la última afirmación. Si Cristo, en el caso citado, habla de «hacerse» eunuco, pone de relieve el peso específico de esta decisión, que se explica por la motivación nacida de una fe profunda, pero al mismo tiempo no oculta el *gravamen* que esta decisión y sus consecuencias persistentes pueden traer al hombre, a las normales (y por otra parte nobles) inclinaciones de su naturaleza,

La apelación «al principio» en el problema del matrimonio nos ha permitido descubrir toda la belleza originaria de esta vocación del hombre, varón y mujer: vocación que proviene de Dios y corresponde a la constitución doble del hombre, así como a la llamada a la «comunicación de las personas». Al predicar la continencia por el reino de los cielos, Cristo no sólo se pronuncia contra toda la tradición de la Antigua Alianza, según la cual, el matrimonio y la procreación estaban, como hemos dicho, religiosamente privilegiados, sino que se pronuncia también, de algún modo, en contraste con ese «principio» al que Él mismo apeló y quizá, también por esto, matiza las propias palabras con esa particular «regla de entendimiento», a la que hemos aludido antes. El análisis del «principio» (especialmente basándonos en el texto yahvista) había demostrado, efectivamente, que, aunque sea posible concebir al hombre como solitario frente a Dios, sin embargo, Dios mismo lo sacó de esa «soledad» cuando dijo: «No es bueno que el hombre esté solo, voy a hacerle una ayuda semejante a él» (*Gen* 2,18).

6. Así, pues, la duplicidad varón-mujer propia de la constitución misma de la humanidad y la unidad de los dos que se basa en ella, permanecen «desde el principio», esto es, desde su misma profundidad ontológica, obra de Dios. Y Cristo, al hablar de la continencia «por el reino de los cielos», tiene presente esta realidad. No sin razón habla de ella (según Mateo) en el contexto más inmediato, en el que hace referencia precisamente «al principio», es decir, al principio divino del matrimonio en la constitución del hombre.

Sobre el fondo de las palabras de Cristo se puede afirmar que no sólo el matrimonio nos ayuda a entender la continencia por el reino de los cielos, sino también que la misma continencia arroja una luz particular sobre el matrimonio visto en el misterio de la creación y de la redención.

Capítulo XIV
LA CONTINENCIA COMO VOCACIÓN DIVINA*

l. Con la mirada fija en Cristo redentor, continuamos ahora nuestras reflexiones sobre el celibato y la virginidad «por el reino de los cielos», según las palabras de Cristo referidas en el Evangelio de Mateo (*Mt* 19, 10-12).

Al proclamar la continencia «por el reino de los cielos», Cristo acepta plenamente todo lo que desde el principio fue hecho e instituido por el Creador. Consiguientemente, por una parte, la continencia debe demostrar que el hombre, en su constitución más profunda, no sólo es «doble», sino que (en esta duplicidad) está «solo» delante de Dios con Dios. Pero, por otra parte, lo que, en la llamada a la continencia por el reino de los cielos, es una invitación a la *soledad por Dios, respeta*, al mismo tiempo, tanto la «*duplicidad de la humanidad*» (esto es, su masculinidad y feminidad), como también la *dimensión de comunión* de la existencia que es *propia de la persona*. El que, según las palabras de Cristo, «comprende» de modo adecuado la llamada a la continencia por el reino de los cielos, la sigue, y conserva así la verdad integral de la propia humanidad, sin perder, al caminar, ninguno de los elementos esenciales de la vocación de la persona creada «a imagen y semejanza de Dios». Esto es importante para la idea misma, o mejor, para la idea de la continencia,

---

* Audiencia general (7-IV-1982).

esto es, para su contenido objetivo, que aparece en la enseñanza de Cristo como una novedad radical. Es igualmente importante para la realización de ese ideal, es decir, para que la decisión concreta, tomada por el hombre, de vivir en el celibato o en la virginidad por el reino de los cielos (el que «se hace» eunuco, para usar las palabras de Cristo) sea plenamente auténtica en su motivación.

2. Del contexto del Evangelio de Mateo (*Mt* 19, 10-12) se deduce de manera suficientemente clara que aquí no se trata de disminuir el valor del matrimonio en beneficio de la continencia, ni siquiera de ofuscar un valor con el otro. En cambio, se trata de «salir» con plena conciencia *de lo que en el hombre, por voluntad del mismo Creador, lleva al matrimonio, y de ir hacia la continencia,* que se manifiesta ante el hombre concreto, varón o mujer, como llamada y don de elocuencia especial y de especial significado «por el reino de los cielos». Las palabras de Cristo (*Mt* 19, 11-12) parten de todo el realismo de la situación del hombre y lo *llevan* con el mismo realismo fuera, hacia la llamada en la que, aun permaneciendo, por su naturaleza, ser «doble» (esto es, inclinado como hombre hacia la mujer, y como mujer hacia el hombre), es capaz de descubrir en esta soledad suya, que no deja de ser una dimensión personal de la duplicidad de cada uno, una nueva e incluso aún *más plena forma de comunión intersubjetiva con los otros* Esta orientación de la llamada explica de modo explícito la expresión: «por el reino de los cielos»; efectivamente, la realización de este reino debe encontrarse en la línea del auténtico desarrollo de la imagen y semejanza de Dios, en su significado trinitario, esto es, propio «de comunión». Al elegir la continencia por el reino de los cielos, el hombre tiene conciencia de poder realizarse de este modo a sí mismo «diversamente» y, en cierto sentido, «más» que en el

matrimonio, convirtiéndose en «don sincero para los demás (*Gaudium et spes*, 24) .

3. Mediante las palabras referidas en Mateo (19, 11-12), Cristo hace comprender claramente que el «ir» hacia la continencia por el reino de los cielos está unido a una renuncia voluntaria al matrimonio, esto es, al estado en el que el hombre y la mujer (según el significado que el Creador dio «en el principio» a su unidad) se convierten en don recíproco a través de su masculinidad y feminidad, también mediante la unión corporal. La continencia significa *una renuncia consciente y voluntaria* a esta unión y a todo lo que está unido a ella en la amplia dimensión de la vida y de la convivencia humana. El hombre que renuncia al matrimonio, renuncia también a la generación, como fundamento de la comunidad familiar, compuesta por los padres y los hijos. Las palabras de Cristo, a las que nos referimos, indican, sin duda, toda esta esfera de renuncia, aunque no se detengan en pormenores. Y el modo como fueron pronunciadas estas palabras, permite suponer que Cristo comprende la importancia de esta renuncia y que la comprende no sólo respecto a las opiniones vigentes sobre este tema en la sociedad judía de entonces. Comprende *la importancia de esta renuncia también con relación al bien* que constituyen el matrimonio y la familia en sí mismos, en virtud de la institución divina. Por esto, mediante el modo de pronunciar las respectivas palabras, hace comprender que esa salida del círculo del bien, a la que Él mismo llama «por el reino de los cielos», está vinculada con cierto sacrificio de sí mismo. Esa salida se convierte también en el comienzo de renuncias sucesivas y de sacrificios voluntarios de sí, que son indispensables, si la primera y fundamental opción ha de ser coherente a lo largo de toda la vida terrena; y sólo gracias a esta coherencia, la opción es interiormente razonable y no contradictoria.

4. De este modo, *en la llamada a la continencia*, tal como ha sido pronunciada por Cristo –concisamente y a la vez con gran precisión– se delinean *el perfil y al mismo tiempo el dinamismo del misterio de la redención*, como hemos dicho anteriormente. Es el mismo perfil bajo el que Jesús, en el sermón de la montaña, pronunció las palabras acerca de la necesidad de vigilar sobre la concupiscencia del cuerpo, sobre el deseo que comienza por el «mirar» y se convierte ya, entonces mismo, en «adulterio del corazón». Tras las palabras de Mateo, tanto en el capítulo 19 (vv. 11-12), como en el capítulo 5 (vv. 27-28), *se encuentra la misma antropología y el mismo ethos.* En la invitación a la continencia voluntaria por el reino de los cielos, las perspectivas de este *ethos* se amplían: en el horizonte de las palabras del sermón de la montaña se halla la antropología del hombre «histórico»; en el horizonte de las palabras sobre la continencia voluntaria, permanece esencialmente la misma antropología, pero iluminada por la perspectiva del «reino de los cielos», o sea, iluminada también por la futura antropología de la resurrección. No obstante, en los caminos de esta continencia voluntaria durante la vida terrena, la antropología de la resurrección no sustituye a la antropología del hombre «histórico». Y es precisamente este hombre, en todo caso este hombre «histórico», en el que permanece a la vez la heredad de la triple concupiscencia, la heredad del pecado y al mismo tiempo la heredad de la redención, el que toma la decisión acerca de la continencia «por el reino de los cielos»: debe *realizar* esta decisión, *sometiendo el estado pecaminoso de la propia humanidad a las fuerzas que brotan del misterio de la redención del cuerpo.* Debe hacerlo como todo otro hombre, que no tome esta decisión y su camino sea el matrimonio. Sólo es diverso el género de responsabilidad por el bien elegido, como es diverso el género mismo del bien elegido.

5. ¿Pone acaso de relieve Cristo, en su enunciado, la superioridad de la continencia por el reino de los cielos sobre el matrimonio? Ciertamente dice que ésta es una vocación «excepcional», no «ordinaria». Además, afirma que es muy importante y necesaria para el reino de los cielos. Si entendemos la superioridad sobre el matrimonio en este sentido, debemos admitir que Cristo la señala implícitamente; sin embargo, no la expresa de modo directo. Sólo Pablo dirá de los que eligen el matrimonio, que hacen «bien», y, de todos los que están dispuestos a vivir en la continencia voluntaria, dirá que hacen «mejor» (cfr *1 Cor* 7, 38).

6. Ésta es también la opinión de toda la Tradición, tanto doctrinal, como pastoral. Esa *«superioridad» de la continencia sobre el matrimonio* no significa *nunca en la auténtica Tradición de la Iglesia, una infravaloración del matrimonio* o un menoscabo de su valor esencial.

Tampoco significa una inclinación, aunque sea implícita, hacia las posiciones maniqueas, o un apoyo a modos de valorar o de obrar que se fundan en la concepción maniquea del cuerpo y del sexo, del matrimonio y de la generación. La superioridad evangélica y auténticamente cristiana de la virginidad, de la continencia, está dictada consiguientemente por el reino de los cielos. En las palabras de Cristo referidas por Mateo (19, 11-12), encontramos una sólida base para admitir solamente esta superioridad; en cambio, no encontramos base alguna para cualquier desprecio del matrimonio, que podría haber estado presente en el reconocimiento de esa superioridad.

Sobre este problema volveremos en nuestra próxima reflexión.

Capítulo XV
EL DON TOTAL DE SÍ
POR EL REINO DE LOS CIELOS*

1. Ahora continuamos las reflexiones de las semanas precedentes sobre las palabras acerca de la continencia «por el reino de los cielos», que, según el Evangelio de Mateo (19, 10-12), Cristo dirigió a sus discípulos.

Digamos una vez más que estas palabras, en toda su concisión, son maravillosamente ricas y precisas; son ricas por un conjunto de implicaciones, tanto de naturaleza doctrinal, como pastoral; pero, al mismo tiempo, indican un justo límite en la materia. Así, pues, cualquier *interpretación maniquea* queda decididamente *fuera de ese límite*, como también queda fuera de él, según lo que Cristo dijo en el sermón de la montaña, el deseo concupiscente «en el corazón» (cfr *Mt* 5, 27-28).

En las palabras de Cristo sobre la continencia «por el reino de los cielos», no hay alusión alguna referente a la «inferioridad» del matrimonio respecto al «cuerpo», o sea, respecto a la esencia del matrimonio, que consiste en el hecho de que el hombre y la mujer se unen en él de tal modo que se hacen una «sola carne» (cfr *Gen* 2, 24: «los dos serán una sola carne»). Las palabras de Cristo referidas en Mateo 19, 11-12 (igual que las palabras de Pablo en la primera Carta a los Corintios, cap. 7) no dan funda-

---

* Audiencia general (14-IV-1982).

mento ni para sostener la «inferioridad» del matrimonio, ni la «superioridad» de la virginidad o del celibato, en cuanto éstos, por su naturaleza, consisten en abstenerse de la «unión» conyugal «en el cuerpo». Sobre este punto resultan decididamente límpidas las palabras de Cristo. Él propone a sus discípulos el ideal de la continencia y la llamada a ella, *no a causa de la inferioridad* o con perjuicio *de la «unión» conyugal «en el cuerpo», sino sólo por el «reino de los cielos»*.

2. A esta luz resulta particularmente útil una aclaración más profunda de la expresión misma «por el reino de los cielos»; y es lo que trataremos de hacer a continuación, al menos de modo sumario. Pero, por lo que respecta a la justa comprensión de la relación entre el matrimonio y la continencia de la que habla Cristo, y de la comprensión de esta relación como la ha entendido toda la tradición, merece la pena añadir que *esa «superioridad» e «inferioridad» están contenidas en los límites de la misma complementariedad del matrimonio y de la continencia* por el reino de Dios. El matrimonio y la continencia ni se contraponen el uno a la otra, ni dividen, de por sí, la comunidad humana (y cristiana) en dos campos (diríamos: los «perfectos» a causa de la continencia, y los «imperfectos» o menos perfectos a causa de la realidad de la vida conyugal). Pero estas dos situaciones fundamentales, o bien, como solía decirse, estos dos «estados», en cierto sentido se explican y completan mutuamente, con relación a la existencia y a la vida (cristiana) de esta comunidad, que en su conjunto y en todos sus miembros se realiza en la dimensión del reino de Dios y tiene una orientación escatológica, que es propia de ese reino. Ahora bien, respecto a esta dimensión y a esta orientación –en la que debe participar por la fe toda la comunidad, esto es, todos los que pertenecen a ella–, la continencia «por el reino de los cielos» tiene una importancia par-

ticular y una particular elocuencia para los que viven la vida conyugal. Por otra parte, es sabido que estos últimos forman la mayoría.

3. Parece, pues, que *una complementariedad así entendida tiene su fundamento en las palabras de Cristo según Mateo 19, 11-12* (y también en la primera Carta a los Corintios, cap. 7). En cambio, no hay base alguna para una supuesta contraposición, según la cual los célibes (o las solteras), sólo a causa de la continencia constituirían la clase de los «perfectos» y, por el contrario, las personas casadas formarían la clase de los «no perfectos» (o de los «menos perfectos»). Si de acuerdo con una cierta tradición teológica se habla del estado de perfección (*status perfectionis*), se hace no a causa de la continencia misma, sino con relación al conjunto de la vida fundada sobre los consejos evangélicos (pobreza, castidad y obediencia), ya que esta vida corresponde a la llamada de Cristo a la perfección («Si quieres ser perfecto...» *Mt* 19, 21). *La perfección de la vida cristiana se mide,* por lo demás, *con el metro de la caridad.* De donde se sigue que una persona que no viva en el «estado de perfección» (esto es, en una institución que establezca su plan de vida sobre los votos de pobreza, castidad y obediencia), o sea, que no viva en un instituto religioso, sino en el «mundo», puede alcanzar *de hecho* un grado superior de perfección –cuya medida es la caridad– respecto a la persona que viva en el «estado de perfección» con un grado menor de caridad. Sin embargo, los consejos evangélicos ayudan indudablemente a conseguir una caridad más plena. Por tanto, el que la alcanza, aun cuando no viva en un «estado de perfección» institucionalizado, llega a esa perfección que brota de la caridad, *mediante la fidelidad al espíritu de esos consejos.* Esta perfección es posible y accesible a cada uno de los hombres, tanto en un «instituto religioso» como en el «mundo».

4. Parece, pues, que a las palabras de Cristo, referidas por Mateo (19, 11-12) corresponde adecuadamente la complementariedad del matrimonio y de la continencia «por el reino de los cielos» en su significado y en su múltiple alcance. En la vida de una comunidad auténticamente cristiana, las actitudes y los valores propios de uno y otro estado –esto es, de una u otra opción esencial y consciente como vocación para toda la vida terrena y en la perspectiva de la «Iglesia celeste»–, *se completan y, en cierto sentido, se compenetran mutuamente.* El perfecto amor conyugal debe estar marcado por esa fidelidad y esa donación al único esposo (y también por la fidelidad y donación del esposo a la única esposa) sobre las cuales se fundan la profesión religiosa y el celibato sacerdotal. En definitiva, la naturaleza de uno y otro amor es «esponsalicia», es decir, expresada a través del don total de sí. Uno y otro amor tienden a expresar el significado esponsalicio del cuerpo, que «desde el principio» está grabado en la misma estructura personal del hombre y de la mujer.

Reanudaremos más adelante este tema.

5. Por otra parte, el amor esponsalicio que encuentra su expresión en la continencia «por el reino de los cielos», debe llevar en su desarrollo normal a «la paternidad» o «maternidad» en sentido espiritual (o sea, precisamente a esa «fecundidad del Espíritu Santo», de la que ya hemos hablado), de manera análoga al amor conyugal que *madura en la paternidad y maternidad física* y en ellas se confirma precisamente como amor esponsalicio. Por su parte, incluso la generación física sólo responde plenamente a su significado si se completa con la paternidad y maternidad *en el espíritu,* cuya expresión y cuyo fruto es toda la obra educadora de los padres respecto a los hijos, nacidos de su unión conyugal corpórea.

Como se ve, son numerosos los aspectos y las esferas

de la complementariedad entre la vocación, en sentido evangélico, de los que «toman mujer y marido» (*Lc* 20, 34) y de los que consciente y voluntariamente eligen la continencia «por el reino de los cielos» (*Mt* 19, 12) .

San Pablo, en su primera Carta a los Corintios (que analizaremos en nuestras posteriores consideraciones), escribirá sobre este tema: «Cada uno tiene de Dios su propia gracia: éste, una; aquél, otra» (*1 Cor* 7, 7).

Capítulo XVI
EL CELIBATO,
DONACIÓN Y RENUNCIA POR AMOR*

1. Continuamos las reflexiones sobre las palabras de Cristo, referentes a la continencia «por el reino de los cielos».

No es posible entender plenamente el significado y el carácter de la continencia, si en la última frase del enunciado de Cristo, «por el reino de los cielos» (*Mt* 19, 12), no se aprecia su contenido adecuado, concreto y objetivo. Hemos dicho anteriormente que esta frase expresa el motivo, o sea, pone de relieve, en cierto sentido, la finalidad subjetiva de la llamada de Cristo a la continencia. Sin embargo, la expresión en sí misma tiene carácter objetivo, indica, de hecho, una realidad objetiva, en virtud de la cual, cada una de las personas, hombres y mujeres, pueden «hacerse» eunucos (como dice Cristo). *La realidad del «reino»* en el enunciado de Cristo según Mateo (19, 11-12) *se define de modo preciso y a la vez general,* es decir de forma tal que pueda abarcar todas las determinaciones y los significados particulares que le son propios.

2. El «reino de los cielos» significa el «reino de Dios», que Cristo predicaba en su realización final, es decir escatológica. Cristo *predicaba* este reino en su realización o

---

* Audiencia general (21-IV-1982).

instauración temporal y, al mismo tiempo, lo *pronosticaba* en su cumplimiento escatológico. La instauración temporal del reino de Dios es, a la vez, su inauguración y su preparación para el cumplimiento definitivo. Cristo llama a este reino y, en cierto sentido, invita a todos a él (cfr la parábola del banquete de bodas: *Mt* 22, 1-14). Si llama a algunos a la continencia «por el reino de los cielos», se deduce del contenido de esa expresión, que los llama a participar de modo singular en la instauración del reino de Dios sobre la tierra, gracias a la cual se comienza y se prepara la fase definitiva del «reino de los cielos».

3. En este sentido hemos dicho que esa llamada está marcada con el signo particular del dinamismo propio del misterio de la redención del cuerpo. Así, pues, en la continencia por el reino de los cielos se pone de relieve, como ya hemos mencionado, la negación de sí mismo, tomar la propia cruz de cada día y seguir a Cristo (cfr *Lc* 9, 23), que puede llegar hasta implicar la renuncia al matrimonio y a una familia propia. Todo esto se deriva del convencimiento de que, así, es posible contribuir mucho más a la realización del reino de Dios en su dimensión terrena con la perspectiva del cumplimiento escatológico. Cristo en su enunciado según Mateo (19, 11-12) dice, de manera general, que la renuncia voluntaria al matrimonio tiene esta finalidad, pero no especifica esta afirmación. En su primer enunciado sobre este tema no precisa aún *para qué tareas concretas es necesaria*, o bien, indispensable, esta continencia voluntaria, en orden a realizar el reino de Dios en la tierra y preparar su futuro cumplimiento. A este propósito podremos ver algo más en Pablo de Tarso (*1 Cor* 7) y lo demás será completado por la vida de la Iglesia en su desarrollo histórico, llevado adelante según la corriente de la auténtica Tradición.

4. En el enunciado de Cristo sobre la continencia «por el reino de los cielos» no hallamos indicio alguno más detallado de *cómo entender* ese mismo *«reino»* –tanto por lo que respecta a su realización terrena, como por lo que se refiere a su definitivo cumplimiento– en su específica y *«excepcional»* relación con los que por él «se hacen» voluntariamente «eunucos».

Tampoco se dice mediante qué aspecto particular de la realidad que constituye el reino, se le asocian aquellos que se han hecho libremente «eunucos». Efectivamente, es sabido que el reino de los cielos es para todos: también están relacionados con él en la tierra (y en el cielo) los que «toman mujer y marido». Es para todos la «viña del Señor», en la cual aquí, en la tierra, deben trabajar; y es, después, la «casa del Padre», donde deben encontrarse en la eternidad. ¿Qué es, pues, ese reino para aquellos que, con miras a él, eligen la continencia voluntaria?

5. *Por ahora, no encontramos respuesta* alguna a estas preguntas en el enunciado de Cristo, referido por Mateo (19, 11-12). Parece que esto corresponde al carácter de todo el enunciado. Cristo responde a sus discípulos sin ponerse en la linea de sus pensamientos y sus valoraciones en las que se oculta, al menos indirectamente, una actitud utilitarista con relación al matrimonio («Si tal es la condición... es preferible no casarse»: *Mt* 19, 10). El Maestro se separa explícitamente de este planteamiento del problema, y por eso, al hablar de la continencia «por el reino de los cielos», no indica por qué vale la pena, de esta manera, renunciar al matrimonio, a fin de que ese «es preferible» no suene en los oídos de los discípulos con algún acento utilitarista. Sólo dice que esta continencia, a veces es requerida, si no indispensable, por el reino de Dios. Y con esto indica que constituye, en el reino que Cristo predica y al que llama, *un valor particular en sí misma.* Los que la eligen voluntariamente deben elegirla

mirando a ese valor, y no como consecuencia de cualquier otro cálculo.

6. Este tono esencial de la respuesta de Cristo, que se refiere directamente a la misma continencia «por el reino de los cielos», puede referirse, de modo indirecto, también al problema precedente del matrimonio (cfr *Mt* 19, 3-9). Teniendo en cuenta, pues, el conjunto del enunciado (cfr *Mt* 19, 3-11), según la intención fundamental de Cristo, la respuesta sería la siguiente: si alguno elige el matrimonio, debe elegirlo tal como fue instituido por el Creador «desde el principio», debe buscar en él los valores que corresponden al designio de Dios; en cambio, si alguno decide seguir la continencia por el reino de los cielos, debe buscar en ella los valores propios de esta vocación. En otros términos: *debe actuar conforme a la vocación elegida.*

7. El «reino de los cielos» es ciertamente el cumplimiento definitivo de las aspiraciones de todos los hombres, a quienes Cristo dirige su mensaje: es la plenitud del bien, que el corazón humano desea por encima de todo lo que puede ser su herencia en la vida terrena, es la máxima plenitud de la gratificación de Dios al hombre. En la conversación con los saduceos (cfr *Mt* 22, 24-30: *Mc* 12, 18-27; *Lc* 20, 27-40), que hemos analizado anteriormente, encontramos algunos detalles sobre ese «reino», o sea, sobre el «otro mundo». Hay muchos más en todo el Nuevo Testamento. Sin embargo, parece que para esclarecer qué es el reino de los cielos para los que, a causa de él, eligen la continencia voluntaria, tiene un significado especial *la revelación de la relación esponsalicia de Cristo con la Iglesia:* entre otros textos, pues, es decisivo el de la Carta a los Efesios, 5, 25 ss., sobre el cual nos convendrá fundarnos especialmente cuando consideremos el problema de la sacramentalidad del matrimonio.

Ese texto es igualmente válido, tanto para la teología del matrimonio, como para la teología de la continencia «por el reino», es decir, la teología de la virginidad o del celibato. Parece que precisamente en ese texto encontramos como concretado lo que Cristo había dicho a sus discípulos, al invitar a la continencia voluntaria «por el reino de los cielos».

8. En este análisis se ha subrayado ya suficientemente que las palabras de Cristo –en medio de su gran concisión– son fundamentales, están llenas de contenido esencial y caracterizadas además por cierta severidad. No cabe duda de que Cristo pronuncia su llamada a la continencia en la perspectiva del «otro mundo», pero en esta llamada pone el acento sobre todo aquello en que se manifiesta el realismo temporal de la decisión vinculada con la voluntad de participar en la obra redentora de Cristo.

Así, pues, a la luz de las respectivas palabras de Cristo, referidas por Mateo (19, 11-12), emergen, sobre todo, la profundidad y la seriedad de la decisión de vivir en la continencia «por el reino», y encuentra expresión el momento de la renuncia que implica esta decisión.

Indudablemente, a través de todo esto, a través de la seriedad y profundidad de la decisión, a través de la severidad y responsabilidad que comporta, se transparenta y se trasluce el amor: *el amor como disponibilidad del don exclusivo de sí por el «reino de Dios»*. Sin embargo, en las palabras de Cristo este amor parece estar velado por lo que, en cambio, se pone en primer plano. Cristo no oculta a sus discípulos el hecho de que la elección de la continencia «por el reino de los cielos» es *–vista en categorías de temporalidad–* una renuncia. Ese modo de hablar a los discípulos, que formula claramente la verdad de su enseñanza y de las exigencias que esta enseñanza contiene, es significativo para todo el Evangelio; y es precisamente eso lo que le confiere, entre otras cosas, una marca y una fuerza tan convincentes.

9. Es propio del corazón humano aceptar exigencias, incluso difíciles, en nombre del amor por un ideal y sobre todo *en nombre del amor hacia la persona* (efectivamente, el amor está orientado por esencia hacia la persona). Y por esto, en la llamada a la continencia «por el reino de los cielos», primero los mismos discípulos y, luego, toda la Tradición viva de la Iglesia descubrirán enseguida el amor que se refiere a *Cristo mismo como Esposo de la Iglesia. Esposo de las almas,* a las que Él se ha entregado hasta el fin en el misterio de su Pascua y de la Eucaristía.

De este modo la continencia «por el reino de los cielos», la opción de la virginidad o del celibato para toda la vida, ha venido a ser en la experiencia de los discípulos y de los seguidores de Cristo el acto de *una respuesta particular al amor* del Esposo Divino, y, por esto, *ha adquirido el significado de un acto de amor esponsalicio:* esto es, de una donación esponsalicia de sí, para corresponder de modo especial al amor esponsalicio del Redentor: una donación de sí entendida como *renuncia,* pero hecha, sobre todo, *por amor.*

Capítulo XVII
MASCULINIDAD Y FEMINIDAD ANTE EL CELIBATO «POR EL REINO DE LOS CIELOS»*

1. «Hay eunucos que a sí mismos se han hecho tales por amor del reino de los cielos»: así se expresa Cristo según el Evangelio de Mateo (*Mt* 19, 12).

Es propio del corazón humano aceptar exigencias, incluso difíciles, en nombre del amor por un ideal y, sobre todo, *en nombre del amor hacia una persona* (en efecto, el amor, por esencia, está orientado hacia la persona). Y por esto, en la llamada a la continencia «por el reino de los cielos», primero los mismos discípulos y luego toda la Tradición viva descubrirán muy pronto el amor que se refiere *a Cristo mismo como Esposo de la Iglesia y Esposo de las almas,* a las que Él se ha entregado a sí mismo hasta el fin, en el misterio de su Pasión y en la Eucaristía. De este modo, la continencia «por el reino de los cielos», la opción por la virginidad o por el celibato para toda la vida, ha venido a ser en la experiencia de los discípulos y de los seguidores de Cristo, un acto de *respuesta especial al amor* del Esposo divino y, por esto, *ha adquirido el significado de un acto de amor esponsalicio,* es decir, de una donación esponsalicia, de sí, a fin de corresponder de modo especial al amor esponsalicio del Redentor; una

* Audiencia general (28-IV-1982).

donación de sí, entendida como *renuncia*, pero hecha sobre todo *por amor.*

2. Hemos sacado así toda la riqueza del contenido de que está cargado el enunciado, ciertamente conciso, pero a la vez tan profundo, de Cristo sobre la continencia «por el reino de los cielos»; pero ahora conviene prestar atención al significado que tienen estas palabras para la teología del cuerpo, lo mismo que hemos tratado de presentar y reconstruir sus fundamentos bíblicos «desde el principio». Precisamente el análisis de ese «principio bíblico», al que se refirió Cristo en la conversación con los fariseos sobre el tema del matrimonio, de su unidad e indisolubilidad (cfr *Mt* 19, 3-9) –poco antes de dirigir a sus discípulos las palabras sobre la continencia «por el reino de los cielos» (*ib.* 19, 10-12)–, nos permite recordar *la profunda verdad sobre el significado esponsalicio del cuerpo humano* en su masculinidad y feminidad, como la hemos deducido, a su debido tiempo, *del análisis* de los primeros capítulos del Génesis (y en particular del capítulo 2, 23-25). Así precisamente era necesario formular y precisar lo que encontramos en los antiguos textos.

3. La mentalidad contemporánea está habituada a pensar y hablar, sobre todo, del instinto sexual, transfiriendo al terreno de la realidad humana lo que es propio del mundo de los seres vivientes, los *animalia*. Ahora bien, una reflexión profunda sobre el conciso texto del capítulo primero y segundo del Génesis nos permite establecer, con certeza y convicción, que desde «el principio» se delinea en la Biblia un límite muy claro y unívoco entre el mundo de los animales *(animalia) y* el hombre creado a imagen y semejanza de Dios. En ese texto, aun cuando relativamente muy breve, hay, sin embargo, suficiente espacio para demostrar que el hombre tiene una

conciencia clara de lo que le distingue de modo esencial de todos los seres vivientes *(animalia)*.

4. Por lo tanto, *la aplicación al hombre* de esta *categoría*, sustancialmente *naturalista*, que se encierra en el concepto y en la expresión de *«instinto sexual»*, *no es del todo apropiada y adecuada*. Es obvio que esta aplicación puede tener lugar, basándose en cierta analogía; efectivamente, la particularidad del hombre en relación con todo el mundo de los seres vivientes *(animalia)* no es tal, que el hombre, entendido desde el punto de vista de la especie, no pueda ser calificado fundamentalmente también como *animal*, pero *animal rationale*. Por ello, a pesar de esta analogía, la aplicación del concepto de «instinto sexual» al hombre –dada la dualidad en la que existe como varón o mujer– limita, sin embargo, grandemente y, en cierto sentido «empequeñece» lo que es la misma masculinidad-feminidad en la dimensión personal de la subjetividad humana. Limita y «empequeñece» también aquello, en virtud de lo cual los dos, el hombre y la mujer, se unen de manera que llegan a ser una sola carne (cfr *Gen* 2, 24). Para expresar esto de modo apropiado y adecuado, hay que servirse también de un *análisis diverso del naturalista*. Y precisamente el estudio del «principio» bíblico nos obliga a hacer esto de manera convincente. La verdad sobre el significado esponsalicio del cuerpo humano en su masculinidad y feminidad, deducida de los primeros capítulos del Génesis (y en particular del capítulo 2, 23-25), o sea, *el descubrimiento a la vez del significado esponsalicio del cuerpo* en la estructura personal de la subjetividad del hombre y de la mujer, parece ser en este ámbito un concepto-clave y, al mismo tiempo, el único apropiado y adecuado.

5. Ahora bien, precisamente en relación con este concepto, con esta verdad sobre el significado esponsalicio

del cuerpo humano, hay que leer de nuevo y entender las palabras de Cristo acerca de la continencia «por el reino de los cielos», pronunciadas en el contexto inmediato de esta referencia al «principio», sobre el cual Cristo ha fundado su doctrina acerca de la unidad e indisolubilidad del matrimonio. En la base de la llamada de Cristo a la continencia está no sólo el «instinto sexual», como categoría de una necesidad, diría, naturalista, sino también *la conciencia de la libertad del don, que está* orgánicamente vinculada con la profunda y madura *conciencia del significado esponsalicio del cuerpo*, en la estructura total de la subjetividad personal del hombre y de la mujer. Sólo en relación a este significado de la masculinidad, *encuentra plena garantía y motivación la llamada a la continencia voluntaria* «por el reino de los cielos». Sólo y exclusivamente en esta perspectiva dice Cristo: «El que pueda entender, que entienda» (*Mt* 19, 12); con esto indica que tal continencia –aunque, en todo caso, sea sobre todo un «don»–, también puede ser «entendida», esto es, sacada y deducida del concepto que el hombre tiene del propio «yo» psicosomático en su totalidad, y en particular de la masculinidad-feminidad de este «yo» en la relación recíproca, que está inscrita como «por naturaleza» en toda subjetividad humana.

6. Como recordamos por los análisis precedentes, desarrollados sobre la base del libro del Génesis (*Gen* 2, 23-25), esa relación recíproca de la masculinidad y feminidad, ese recíproco «para» del hombre y de la mujer, sólo puede ser entendido de modo apropiado y adecuado en el conjunto dinámico del sujeto personal. ¡Las palabras de Cristo en Mateo (19, 11-12) muestran después que ese *«para»* presente «desde el principio» en la base del matrimonio, *puede estar también en la base de la continencia «por» el reino* de los cielos! Apoyándose en la misma disposición del sujeto personal, gracias a la cual el hombre

se vuelve a encontrar plenamente a sí mismo a través de un don sincero de sí (cfr *Gaudium et spes*, 24), el hombre (varón o mujer) es capaz de elegir la donación personal de sí mismo, hecha a otra persona en el pacto conyugal, donde se convierten en «una sola carne», y también es capaz de *renunciar libremente* a esta donación de sí a otra persona, de manera que, al elegir la continencia «por el reino de los cielos», pueda donarse a sí mismo totalmente a Cristo. Basándose en la misma disposición del sujeto personal y basándose en el mismo significado esponsalicio de ser, en cuanto cuerpo, varón o mujer, puede plasmarse el amor que compromete al hombre, en el matrimonio, para toda la vida (cfr *Mt* 19, 3-10), pero puede plasmarse también el amor que compromete al hombre para toda la vida en la continencia «por el reino de los cielos» (cfr *Mt* 19, 11-12). Cristo habla precisamente de esto en el conjunto de su enunciado, dirigiéndose a los fariseos (cfr *Mt* 19, 3-10) y luego a los discípulos (cfr *Mt* 19, 11-12).

7. Es evidente que la opción del matrimonio, tal como fue instituido por el Creador «desde el principio», supone la toma de conciencia y la aceptación interior del significado esponsalicio del cuerpo, vinculado con la masculinidad y feminidad de la persona humana. En efecto, esto es lo que se expresa de modo lapidario en los versículos del libro del Génesis. Al escuchar las palabras de Cristo, dirigidas a los discípulos, sobre la continencia «por el reino de los cielos» (cfr *Mt* 19, 11-12), no podemos pensar que el segundo género de opción pueda hacerse de modo consciente y libre sin una referencia a la propia masculinidad o feminidad y al significado esponsalicio, que es propio del hombre precisamente en la masculinidad o feminidad de su ser sujeto personal. Más aún, a la luz de las palabras de Cristo, debemos admitir que *ese segundo género de opción*, es decir, *la continencia por el reino de*

Dios, se realiza también en relación con la masculinidad o feminidad propia de la persona que hace tal opción; se realiza *basándose en la plena conciencia de ese significado esponsalicio,* que contienen en sí la masculinidad y la feminidad. Si esta opción se realizase por vía de algún artificioso «prescindir» de esta riqueza real de todo sujeto humano, no respondería de modo apropiado y adecuado al contenido de las palabras de Cristo en Mateo 19, 11-12.

Cristo exige aquí explícitamente una comprensión plena, cuando dice: «El que pueda entender, que entienda» (*Mt* 19, 12).

Capítulo XVIII
EL CELIBATO, DON DE DIOS*

1. Al responder a las preguntas de los fariseos sobre el matrimonio y su indisolubilidad, Cristo se refirió al «principio», es decir, a su institución originaria por parte del Creador. Puesto que sus interlocutores se remitieron a la ley de Moisés, que preveía la posibilidad del llamado «libelo de repudio», Él contestó: «Por la dureza de vuestro corazón os permitió Moisés repudiar a vuestras mujeres, pero al principio no fue así» (*Mt* 19, 8).

Después de la conversación con los fariseos, los discípulos de Cristo se dirigieron a Él con las siguientes palabras: «Si tal es la condición del hombre con la mujer, preferible es no casarse. Él les contestó: No todos entienden esto, sino aquellos a quienes ha sido dado. Porque hay eunucos que nacieron así del vientre de su madre, y hay eunucos que fueron hechos por los hombres, y hay eunucos que a sí mismos se han hecho tales por amor del reino de los cielos. El que pueda entender, que entienda» (*Mt* 19, 10-12).

2. Las palabras de Cristo aluden, sin duda, a una consciente y voluntaria renuncia al matrimonio. Esta renuncia sólo es posible si supone una conciencia auténtica del valor que constituye la disposición nupcial de la mas-

---
* Audiencia general (5-V-1982).

culinidad y feminidad en el matrimonio. Para que el hombre pueda ser plenamente *consciente de lo que elige* (la continencia por el reino), debe ser también plenamente consciente *de aquello a lo que renuncia* (aquí se trata precisamente de la conciencia del valor en sentido «ideal»; no obstante, esta conciencia es totalmente «realista»). Cristo, de este modo, exige ciertamente una opción madura. Lo comprueba, sin duda alguna, la forma en que se expresa la llamada a la continencia por el reino de los cielos.

3. Pero no basta una renuncia plenamente consciente a dicho valor. A la luz de las palabras de Cristo, como también a la luz de toda la auténtica tradición cristiana, es posible deducir que esta *renuncia es a la vez una particular forma de afirmación de ese valor,* en virtud del cual la persona no casada se abstiene coherentemente, siguiendo el consejo evangélico. Esto puede parecer una paradoja. Sin embargo, es sabido que la paradoja acompaña a numerosos enunciados del Evangelio, y frecuentemente a los más elocuentes y profundos. Al aceptar este significado de la llamada a la continencia «por el reino de los cielos», sacamos una conclusión correcta, sosteniendo que la realización de esta llamada sirve también –y de modo particular– para la confirmación del significado nupcial del cuerpo humano en su masculinidad y feminidad. *La renuncia* al matrimonio por el reino de Dios pone de *relieve,* al mismo tiempo, ese significado en toda su verdad interior y en toda su belleza personal. Se puede decir que esta renuncia, por parte de cada una de las personas, hombres y mujeres, es, en cierto sentido, indispensable, a fin de que el mismo significado nupcial del cuerpo sea más fácilmente reconocido en todo el *ethos* de la vida humana y sobre todo el *ethos* de la vida conyugal y familiar.

4. Así, pues, aunque la continencia «por el reino de los cielos» (la virginidad, el celibato) oriente la vida de las personas que la eligen libremente al margen del camino común de la vida conyugal y familiar, sin embargo, *no queda sin significado* para esta vida: *por su estilo,* su valor y su *autenticidad evangélica.* No olvidemos que la única clave para comprender la sacramentalidad del matrimonio es el amor nupcial de Cristo hacia la Iglesia (cfr *Ef* 5, 22-23): de Cristo, Hijo de la Virgen, el cual era Él mismo virgen, esto es, «eunuco por el reino de los cielos», en el sentido más perfecto del término. Nos convendrá volver sobre este tema más tarde.

5. Al final de estas reflexiones queda todavía un problema concreto: ¿De qué modo en el hombre, a quien «le ha sido concedida» la llamada a la continencia por el reino, se forma esta llamada basándose en la conciencia del significado nupcial del cuerpo en su masculinidad y feminidad, y, más aún, como fruto de esta conciencia? *¿De qué modo se forma o, mejor, se «transforma»?* Esta pregunta es igualmente importante, tanto desde el punto de vista de la teología del cuerpo, como desde el punto de vista del desarrollo de la personalidad humana, que es de carácter personalista y carismático a la vez. Si quisiéramos responder a esta pregunta de modo exhaustivo –en la dimensión de todos los aspectos y de todos los problemas concretos que encierra– habría que hacer un estudio expreso sobre la relación entre el matrimonio y la virginidad y entre el matrimonio y el celibato. Pero esto excedería los límites de las presentes consideraciones.

6. Permaneciendo en el ámbito de las palabras de Cristo según Mateo (19, 11-12), es preciso concluir nuestras reflexiones, afirmando lo siguiente. *Primero:* si la continencia «por el reino de los cielos» significa indudablemente una renuncia, esta *renuncia* es al mismo tiempo

una *afirmación:* la que *se deriva del descubrimiento* del «don», esto es, el descubrimiento, a la vez, de una perspectiva de la realización personal de sí mismo «a través de un don sincero de sí» (*Gaudium et spes,* 24); este descubrimiento está, pues, en una profunda armonía interior con el sentido del significado nupcial del cuerpo, vinculado «desde el principio» a la masculinidad o feminidad del hombre como sujeto personal. *Segundo:* aunque la continencia «por el reino de los cielos» se identifique con la renuncia al matrimonio –el cual en la vida de un hombre y una mujer da origen a la familia–, no se puede en modo alguno ver en ella una negación del valor esencial del matrimonio; más bien, por el contrario, la continencia *sirve* indirectamente *para poner de relieve* lo que en la vocación conyugal es perenne y más profundamente personal, lo que en las dimensiones de la temporalidad (y a la vez en la perspectiva del «otro mundo») *corresponde a la dignidad de la entrega personal,* vinculada al significado nupcial del cuerpo en su masculinidad y feminidad.

7. De este modo, la llamada de Cristo a la continencia «por el reino de los cielos», justamente asociada a la evocación de la resurrección futura (cfr *Mt* 21, 24-30; *Mc* 12, 18-27; *Lc* 20, 27-40), tiene un significado capital no sólo para el *ethos* y la espiritualidad cristiana, sino también para la antropología y para toda la teología del cuerpo, que descubrimos en sus bases. Recordemos que Cristo, al referirse a la resurrección del cuerpo en el «otro mundo», dijo, según la versión de los tres Evangelios sinópticos: «Cuando resuciten de entre los muertos, ni tomarán mujer ni marido...» (*Mc* 12, 25). Estas palabras, que ya hemos analizado antes, forman parte del conjunto de nuestras consideraciones sobre la teología del cuerpo y contribuyen a su elaboración.

Capítulo XIX
LA INTERPRETACIÓN PAULINA*

1. Después de haber analizado las palabras de Cristo, referidas en el Evangelio según Mateo (*Mt* 19, 10-12), conviene pasar a la interpretación paulina del tema: virginidad y matrimonio.

El enunciado de Cristo sobre la continencia por el reino de los cielos es conciso y fundamental. En la enseñanza de Pablo, como nos convenceremos dentro de poco, podemos individuar un relato paralelo de las palabras del maestro; sin embargo, el significado de su enunciación (*1 Cor* 7) en su conjunto debe ser valorado de modo diverso. La grandeza de la enseñanza de Pablo consiste en el hecho de que él, al presentar la verdad proclamada por Cristo en toda su autenticidad e identidad, le da un timbre propio, en cierto sentido su propia interpretación «personal», pero que brota sobre todo de las experiencias de su actividad apostólico-misionera, y tal vez incluso de la necesidad de responder a las preguntas concretas de los hombres, a los cuales iba dirigida dicha actividad. Y así encontramos en Pablo la cuestión de la relación recíproca entre el matrimonio y el celibato o la virginidad, como *tema que atormentaba los espíritus de la primera generación de los confesores de Cristo*, la generación de los discípulos de los Apóstoles, de las primeras comunidades

---

* Audiencia general (23-VI-1982).

cristianas. Esto ocurría en los convertidos del helenismo, por lo tanto del paganismo, más que en los convertidos del judaísmo; y esto puede explicar el hecho de que el tema se halle precisamente en una carta dirigida a la comunidad de Corinto, en la primera.

2. El tono de todo el enunciado es sin duda magisterial; sin embargo, tanto el tono como el lenguaje es también pastoral. Pablo enseña la doctrina transmitida por el Maestro a los Apóstoles y, al mismo tiempo, entabla como un continuo coloquio con los destinatarios de su Carta sobre este tema. Habla como un clásico maestro de moral, afrontando y resolviendo problemas de conciencia; por eso, a los moralistas les gusta dirigirse con preferencia a las aclaraciones y a las deliberaciones de esta primera Carta a los Corintios (capítulo 7). Hay que recordar, no obstante, que la base última de tales deliberaciones debe buscarse en la vida y en la enseñanza de Cristo mismo.

3. El Apóstol subraya, con gran claridad, que la virginidad, o sea, la continencia voluntaria, deriva *exclusivamente de un consejo y no de un mandamiento:* «Acerca de las vírgenes no tengo precepto del Señor; pero puedo daros consejo». Pablo da este consejo «como quien ha obtenido del Señor la gracia de ser fiel» (*1 Cor* 7, 25). Como se ve por las palabras citadas, el Apóstol distingue, lo mismo que el Evangelio (cfr *Mt* 19, 11-12), entre consejo y mandamiento. Él, sobre la base de la regla «doctrinal» de la comprensión de la enseñanza proclamada, quiere aconsejar, desea dar consejos personales a los hombres que se dirigen a él. Así, pues, en la primera Carta a los Corintios (cap. 7), el «consejo» tiene claramente *dos significados diversos.* El autor afirma que la virginidad es un consejo y no un mandamiento, y da consejos al mismo tiempo tanto a las personas casadas como a quienes han

de tomar una decisión al respecto y, en fin, a los que se hallan en estado de viudez. La problemática es sustancialmente igual a la que encontramos en el enunciado de Cristo transmitido por San Mateo (19, 2-12), primero sobre el matrimonio y su indisolubilidad, y luego sobre la continencia voluntaria por el reino de los cielos. Sin embargo, el *estilo* de esta problemática es completamente suyo: es de Pablo.

4. «Si alguno estima indecoroso para su hija doncella dejar pasar la flor de la edad y que debe casarla, haga lo que quiera; no peca, que la case. Pero el que, firme en su corazón, no necesitado sino libre y de voluntad, determina guardar virgen a su hija, hace mejor. Quien, pues, casa a su hija doncella hace bien, y quien no la casa hace mejor» (*1 Cor* 7, 36-38).

5. La persona que le había pedido consejo pudo ser un joven que se encontraba ante la decisión de casarse, o quizá un recién casado que, ante corrientes ascéticas existentes en Corinto, reflexionaba sobre la línea a seguir en su matrimonio; pudo ser también un padre o el tutor de una muchacha que le había planteado el problema del matrimonio de ésta. En este caso, se trataría directamente de la decisión que deriva de sus derechos tutelares. Pues Pablo escribe en unos tiempos en que decisiones de esta índole pertenecían más a los padres o tutores que a los mismos jóvenes. Por tanto, al responder a la pregunta planteada de este modo, Pablo *trata de explicar con suma precisión que la decisión sobre la continencia,* o sea, sobre la vida en virginidad, *debe ser voluntaria* y que sólo una continencia *así es mejor que el matrimonio.* Las expresiones «hace bien» y «hace mejor» son completamente unívocas en este contexto.

6. Ahora bien, el Apóstol enseña que la virginidad, es

decir, la continencia voluntaria, el que una joven se abstenga del matrimonio, deriva exclusivamente de un consejo y es «mejor» que el matrimonio si se dan las oportunas condiciones. En cambio, con ello no tiene que ver en modo alguno la cuestión del pecado: «¿Estás ligado a mujer? No busques la separación. ¿Estás libre de mujer? No busques mujer. Si te casares, no pecas; y si la doncella se casa, no peca» (*1 Cor* 7, 27-28). A base sólo de estas palabras, no podemos ciertamente formular juicio alguno sobre lo que pensaba y enseñaba el Apóstol acerca del matrimonio. Este tema quedará explicado en parte en el contexto de la Carta a los Corintios (cap. 7) y con más plenitud en la Carta a los Efesios (5, 21-33). En nuestro caso, se trata probablemente de la respuesta a la pregunta sobre si el matrimonio es pecado; y podría pensarse incluso que esta pregunta refleje el influjo de corrientes dualistas pregnósticas que se transformaron más tarde en encratismo y maniqueísmo. Pablo responde que de *ninguna manera entra en juego aquí la cuestión del pecado. No* se trata del *discernimiento entre «bien» y «mal», sino solamente entre «bien» y «mejor».* A continuación pasa a motivar por qué quien elige el matrimonio «hace bien» y quien elige la virginidad, o sea, la continencia voluntaria, «hace mejor».

De la argumentación paulina nos ocuparemos en nuestra próxima reflexión.

Capítulo XX
CELIBATO APOSTÓLICO
EN LA PRIMERA CARTA A LOS CORINTIOS*

1. San Pablo, explicando en el capitulo séptimo de su primera Carta a los Corintios la cuestión del matrimonio y la virginidad (es decir, la continencia por el reino de Dios), *trata de motivar* la causa por la que quien elige el matrimonio hace «bien» y quien decide, en cambio, una vida de continencia, o sea la virginidad, hace «mejor». Así escribe: «Dígoos, pues, hermanos que el tiempo es corto. Sólo queda que los que tienen mujer vivan como si no la tuvieran...»; y también «los que compran, como si no poseyesen, y los que disfrutan del mundo, como si no disfrutasen, *porque pasa la apariencia de este mundo*. Yo os querría libres de cuidados...» (*1 Cor* 7, 29, 30-32).

2. Las últimas palabras del texto citado demuestran que en la argumentación Pablo *se refiere a su propia experiencia*, y de este modo la argumentación se hace más personal. No sólo formula el principio y trata de motivarlo en cuanto tal, sino que lo enlaza con reflexiones y convicciones personales nacidas de la práctica del consejo evangélico del celibato. Cada una de las expresiones y alocuciones son prueba de su fuerza de persuasión. El Apóstol no sólo escribe a sus corintios: «Quisiera que to-

---

* Audiencia general (30-VI-1982).

dos los hombres fuesen como yo» (*1 Cor* 7, 7), sino que
va más adelante y, refiriéndose a los hombres que con-
traen matrimonio, escribe: «Pero tendréis·así que estar
sometidos a la tributación de la carne, que quisiera yo
ahorraros» (*1 Cor* 7, 28). Por lo demás, esta convicción
personal la había expresado ya en las primeras palabras
del capítulo séptimo de dicha Carta, refiriendo, si bien
para modificarla, esta opinión de los corintios: «Comenzando a tratar de lo que me habéis escrito, bueno es al
hombre no tocar mujer...» (*1 Cor* 7, 1).

3. Nos podemos preguntar: *¿Qué tribulaciones de la
carne* tenía Pablo en el pensamiento? Cristo hablaba sólo
de los sufrimientos (o «aflicciones») que padece la mujer
cuando ha de dar «a luz al hijo», subrayando a la vez la
alegría (cfr *Jn* 16, 21) con que se regocija en compensa-
ción de estos sufrimientos, después del nacimiento del
hijo: la alegría de la maternidad. En cambio, Pablo escribe sobre las «tribulaciones del cuerpo» que esperan a los
casados. ¿Acaso será ésta la expresión de una aversión
personal del Apóstol hacia el matrimonio? En esta observación realista hay que ver una advertencia justificada a
quienes –como a veces los jóvenes– piensan que la unión
y convivencia conyugal han de proporcionarles sólo felicidad y gozo. La experiencia de la vida demuestra que no
rara vez los cónyuges quedan desilusionados respecto de
lo que principalmente se esperaban. El gozo de la unión
lleva consigo también las «tribulaciones de la carne», sobre las que escribe el Apóstol en la Carta a los Corintios.
Con frecuencia son «tribulaciones» de naturaleza moral.
Si él quiere decir con esto que el verdadero amor conyugal –aquel precisamente por el que «el hombre... se adhe-
rirá a su mujer y vendrán a ser los dos una sola carne»
(*Gen* 2, 24)– *es al mismo tiempo un amor difícil*, ciertamente se mantiene dentro del terreno de la verdad evangélica y no hay razón alguna para descubrir aquí sínto-

mas de la actitud que caracterizaría más tarde al maniqueísmo.

4. Cristo, en sus palabras sobre la continencia por el reino de Dios, de ningún modo se propone encauzar a los oyentes hacia el celibato o la virginidad cuando les señala las «tribulaciones» del matrimonio. Más bien se advierte que procura poner de relieve algunos aspectos humanamente penosos de la opción por la continencia: tanto razones sociales como razones de naturaleza subjetiva inducen a Cristo a decir que se hace «eunuco» el hombre que toma tal decisión, es decir, el hombre que abraza voluntariamente la continencia. Pero precisamente gracias a esto resalta con suma claridad todo el significado subjetivo, la grandeza y excepcionalidad de una tal *decisión:* el significado de una respuesta madura a un don especial del Espíritu.

5. No entiende de otro modo el consejo de la continencia San Pablo en la Carta a los Corintios, pero lo expresa de modo diferente. Escribe así: «Dígoos, pues, hermanos, que el tiempo es corto...» (*1 Cor* 7, 29), y un poco más adelante: «Pasa la apariencia de este mundo...» (7, 31). Esta constatación sobre la caducidad de la existencia humana y el carácter transitorio del mundo temporal y, en cierto sentido, del carácter accidental de cuanto ha sido creado, deben llevar a que «los que tienen mujer vivan como si no la tuvieran» (*1 Cor* 7, 29; cfr 7, 31), y a preparar el terreno al mismo tiempo a la enseñanza sobre la continencia. Pues en el centro de su razonamiento pone Pablo la frase-clave que puede relacionarse con lo enunciado por Cristo, que es único en su género, sobre el tema de la continencia por el reino de Dios (cfr *Mt* 19, 12).

6. Mientras Cristo pone de relieve la magnitud de la renuncia inseparable de tal decisión, Pablo muestra so-

bre todo cómo hay que entender el «reino de Dios» en la vida de un hombre que ha renunciado al matrimonio por el reino. Y mientras el triple paralelismo de lo enunciado por Cristo alcanza su punto culminante en el verbo que indica la grandeza de la renuncia asumida voluntariamente («hay eunucos que a sí mismos se han hecho tales por amor del reino de los cielos», *Mt* 19, 12), Pablo define la situación con una sola palabra: «no casado» *(ágamos);* en cambio, más adelante incluye todo el contenido de la expresión «reino de los cielos» en una síntesis espléndida cuando dice: «El célibe se cuida de las cosas del Señor, de cómo agradar al Señor» (*1 Cor* 7, 32).

Cada palabra de este párrafo merece un análisis especial.

7. En el Evangelio de Lucas, discípulo de Pablo, el contexto del verbo «preocuparse de» o «buscar» indica que de verdad es menester buscar sólo el reino de Dios (cfr *Lc* 12, 31), lo que constituye la «parte mejor», el *unum necessarium* (cfr *Lc* 10, 41). Y el mismo Pablo habla directamente de su «preocupación por todas las Iglesias» (*2 Cor* 11, 28), de la búsqueda de Cristo mediante la solicitud por los problemas de los hermanos, por los miembros del Cuerpo de Cristo (cfr *Flp* 2, 20-21; *1 Cor* 12, 25). De este contexto emerge todo el amplio campo de la «preocupación» a la que el hombre no casado puede dedicar enteramente su pensamiento, fatigas y corazón. Ya que el hombre puede «preocuparse» sólo de aquello que lleva en el corazón.

8. En la enunciación de Pablo, quien no está casado se preocupa de las cosas del Señor (*tà toú kyrìou*). Con esta expresión concisa Pablo abarca la *realidad objetiva completa del reino de Dios.* «Del Señor es la tierra y cuanto la llena», dirá él mismo un poco más adelante en esta Carta (*1 Cor* 10, 26; cfr *Sal* 23 [24], 1).

¡El objeto del interés del cristiano es el mundo entero! Pero Pablo con el nombre «Señor» califica en primer lugar a Jesucristo (cfr, por ejemplo, *Flp* 2, 11) y, por tanto, «cosas del Señor» quiere decir ante todo el reino de Cristo, su Cuerpo que es la Iglesia (cfr *Col* 1,18) y cuanto contribuye al crecimiento de ésta. De todo ello se preocupa el hombre no casado y, por ello, siendo Pablo «Apóstol de Jesucristo» (*1 Cor* 1, 1) y ministro del Evangelio (*1 Cor* 1, 23), escribe a los corintios: «Quisiera yo que todos los hombres fueran como yo» (*1 Cor* 7, 7).

9. Sin embargo, el celo apostólico y la actividad más eficaz, tampoco agotan el contenido de la motivación paulina de la continencia. Incluso podría decirse que su raíz y fuente se encuentran en la segunda parte del párrafo que muestra la realidad subjetiva del reino de Dios. «El que no está casado se preocupa... de cómo agradar al Señor». Esta constatación abarca todo el campo de la relación personal del hombre con Dios. «Agradar a Dios» –esta expresión se encuentra en libros antiguos de la Biblia (cfr, por ejemplo, *Dt* 13, 19)– es sinónimo de vida en gracia de Dios y expresa la actitud de quien busca a Dios, o sea, de quien se comporta según su voluntad para serle agradable. En uno de los últimos libros de la Sagrada Escritura, esta expresión llega a ser una síntesis teológica de la santidad. San Juan sólo una vez la aplica a Cristo: «Yo hago siempre lo que es de su agrado (del Padre)» (*Jn* 8, 29). San Pablo hace notar en la Carta a los Romanos que Cristo «no buscó agradarse a sí mismo» (*Rom* 15, 3). En estas dos constataciones está encerrado todo el contenido de «agradar a Dios», entendido en el Nuevo Testamento como seguir las huellas de Cristo.

10. Podría parecer que se sobreponen las dos partes de la expresión paulina, pues, en efecto, preocuparse de lo «que toca al Señor», de las «cosas del Señor», debe «agra-

dar al Señor». Por otra parte, quien complace a Dios no puede encerrarse en sí mismo, sino abrirse al mundo, a cuanto hay que llevar de nuevo a Cristo. Evidentemente éstos son dos aspectos de la misma realidad de Dios y de su reino. Pero Pablo tenía que distinguirlos para hacer ver más clara la naturaleza y posibilidad de la continencia «por el reino de los cielos».

Capítulo XXI
PARA «AGRADAR A DIOS»*

1. En el encuentro del miércoles pasado tratamos de ahondar en la argumentación que emplea San Pablo en la primera Carta a los Corintios para convencer a sus destinatarios de que quien elige el matrimonio hace «bien», y el que elige la virginidad (es decir, la continencia según el espíritu del consejo evangélico) hace «mejor» (*1 Cor* 7, 38). Prosiguiendo hoy esta meditación, recordemos que según San Pablo «el célibe se cuida... de cómo agradar al Señor» (*1 Cor* 7, 32).

«Agradar al Señor» tiene por trasfondo el amor. Este trasfondo se ve claro a través de una ulterior confrontación; quien no está casado se cuida de agradar a Dios, mientras que el hombre casado debe procurar también contentar a la mujer. En cierto sentido aparece aquí el carácter nupcial de la «continencia por el reino de Dios». El hombre procura agradar siempre a la persona amada. El «agradar a Dios» no carece por tanto de este carácter que distingue la relación interpersonal entre los esposos. Por una parte, es un esfuerzo del hombre que tiende a Dios y procura complacerle, o sea, expresar prácticamente el amor; por otra, a esta aspiración corresponde el agrado de Dios, que acoge los esfuerzos del hombre y corona su obra dándole una gracia nueva: de hecho desde el princi-

---

* Audiencia general (7-VII-1982).

pio esta aspiración ha sido don de Dios. «Cuidarse de agradar a Dios» es, pues, una aportación del hombre al diálogo continuo de salvación entablado por Dios. Evidentemente todo cristiano que vive de fe toma parte en este diálogo.

2. Pero Pablo observa que el hombre ligado con vínculo matrimonial «está dividido» (*1 Cor* 7, 34) a causa de sus deberes familiares (cfr *1 Cor* 7, 34). Por consiguiente, de esta constatación parece desprenderse que la persona no casada debería caracterizarse por una *integración interior*, una unificación, que le permitiría dedicarse enteramente al servicio del reino de Dios en todas sus dimensiones. Esta actitud presupone la abstención del matrimonio, exclusivamente «por el reino de Dios», y una vida dedicada sólo a este fin. En caso contrario también puede entrar furtivamente «la división» en la vida de una persona no casada, que al verse privada de la vida matrimonial por una parte y, por otra, de una meta clara por la que renunciar a ésta, podría encontrarse ante un cierto vacío.

3. El Apóstol parece conocer bien todo esto, y se apresura a puntualizar que no quiere «tender un lazo» a quien aconseja no casarse, sino que lo hace para encaminarlo a lo que es *digno y lo mantiene unido al Señor sin distracciones* (cfr *1 Cor* 7, 35). Estas palabras traen a la memoria lo que dijo Cristo a los Apóstoles en la última Cena, según el Evangelio de Lucas: «Vosotros sois los que habéis permanecido conmigo en mis pruebas (literalmente «en las tentaciones»); y yo dispongo del reino en favor vuestro, como mi Padre ha dispuesto de él en favor mío» (*Lc* 22, 28-29). El no casado, «estando unido al Señor», puede tener certeza de que sus dificultades serán comprendidas: «Pues no tenemos un Sumo Sacerdote que no pueda compadecerse de nuestras flaquezas, antes

fue probado en todo igual que nosotros, excepto en el pecado» (*Heb* 4, 15). Esto permite a la persona no casada englobar sus eventuales problemas personales en la gran corriente de los sufrimientos de Cristo y de su Cuerpo, que es la Iglesia, en vez de sumergirse exclusivamente en ellos.

4. El Apóstol enseña cómo se puede estar unido al Señor; esto se llega a alcanzar aspirando a permanecer con Él de continuo a gozar de su presencia (*eupáredron*), sin dejarse distraer por las cosas que no son esenciales (*aperispástōs*) (cfr *1 Cor* 7, 35).

Pablo puntualiza este pensamiento con mayor claridad todavía cuando habla de la situación de la mujer casada y de la que ha optado por la virginidad o ya no tiene marido. Mientras la mujer casada debe cuidarse de «cómo agradar a su marido», la que no está casada «sólo tiene que preocuparse de las cosas del Señor, de ser santa en cuerpo y en espíritu» (*1 Cor* 7, 34).

5. Para captar adecuadamente toda la profundidad del pensamiento de Pablo hay que hacer notar que la «santidad» es un estado más bien que una acción, según la concepción bíblica; y tiene ante todo carácter ontológico y luego también moral. Especialmente en el Antiguo Testamento es una «separación» de lo que no está sujeto a la influencia de Dios, lo que es *profanum*, a fin de *pertenecer exclusivamente a Dios*. La «santidad en el cuerpo y en el espíritu» significa también, por tanto, la sacralidad de la virginidad o celibato aceptados por el «reino de Dios». Y, al mismo tiempo, lo que está ofrecido a Dios debe distinguirse por la pureza moral y, por tanto, presupone un comportamiento «sin mancha ni arruga», «santo e inmaculado», según el modelo virginal de la Iglesia que está ante Cristo (*Ef* 5, 27).

El Apóstol, en este capítulo de la Carta a los Corintios, trata de los problemas del matrimonio y del celibato o virginidad de modo sumamente humano y realista, teniendo en cuenta la mentalidad de sus destinatarios. En una cierta medida la argumentación de Pablo es *ad hominem*. El mundo nuevo, el nuevo orden de valores que anuncia debe encontrarse, en el ambiente de sus destinatarios de Corinto, con otro «mundo» y con otra jerarquía de valores, distinto de aquel al que llegaron por primera vez las palabras pronunciadas por Cristo.

6. Si con su doctrina sobre el matrimonio y la continencia Pablo hace referencia también a la *caducidad del mundo* y de la vida humana en él, lo hace sin duda aplicándolo a un *ambiente* que en cierta manera estaba *orientado* de modo programático al *«uso del mundo»*. Bajo este punto de vista es muy significativo su llamamiento a los que «disfrutan del mundo» para que lo hagan «como si no disfrutaran plenamente» (*1 Cor* 7, 31). Del contexto inmediato se desprende que incluso el matrimonio estaba concebido en este ambiente como una manera de «disfrutar del mundo», al contrario de como había sido en toda la tradición israelita (no obstante algunas desnaturalizaciones que señaló Jesús en la conversación con los fariseos y también en el sermón de la montaña). No hay duda de que todo explica el estilo de la respuesta de Pablo. El Apóstol se daba perfecta cuenta de que al estimular a la abstención del matrimonio, al mismo tiempo debía exponer un modo de entender el matrimonio que estuviera conforme con toda la jerarquía evangélica de valores. Y había de hacerlo con realismo máximo, es decir, teniendo ante los ojos el ambiente a que se dirigía y las ideas y modos de valorar las cosas que dominaban en él.

7. Ante hombres que vivían en un ambiente donde el matrimonio sobre todo era considerado uno de los mo-

dos de «usar del mundo», Pablo se pronuncia con palabras significativas sobre la virginidad y el celibato (como ya hemos visto) y también sobre el mismo matrimonio: «A los no casados y a las viudas les digo que les es mejor permanecer como yo. Pero si no pueden guardar continencia, cásense, que mejor es casarse que abrasarse» (*1 Cor* 7, 89). Igual idea casi había expresado ya Pablo anteriormente: «Comenzando a tratar de lo que me habéis escrito, bueno es al hombre no tocar mujer; mas por evitar la fornicación, tenga cada uno su mujer, y cada una tenga su marido» (*1 Cor* 7, 1-2).

8. ¿Acaso en la primera Carta a los Corintios considera el Apóstol el matrimonio *exclusivamente desde el punto de vista de un «remedium concupiscentiae»*, como se solía decir en el lenguaje teológico tradicional? Las citas hechas podrían dar la impresión de atestiguarlo. Sin embargo, en proximidad inmediata a las formulaciones precedentes, leemos una frase que nos lleva a enfocar de manera diferente el conjunto de enseñanzas de San Pablo contenidas en el capítulo 7 de la primera Carta a los Corintios: «Quisiera yo que todos los hombres fuesen como yo (repite su argumento preferido en favor de la abstención del matrimonio); pero cada uno tiene de Dios su propia gracia: éste, una; aquél, otra» (*1 Cor* 7, 7). Por lo tanto, incluso los que optan por el matrimonio y viven en él, reciben de Dios un «don», «su don», es decir, la gracia propia de esta opción, de este modo de vivir, de dicho estado. El don que reciben las personas que viven en el matrimonio es distinto del que reciben las personas que viven en virginidad y han elegido la continencia por el reino de Dios; no obstante, es verdadero «don de Dios», don «propio», destinado a personas concretas, y «específico», o sea, adecuado a su vocación de vida.

9. Así, pues, se puede decir que mientras en la carac-

terización del matrimonio por su parte «humana» (o más aún quizá por la situación local que dominaba en Corinto), el Apóstol pone muy de relieve la motivación *en lo referente a la concupiscencia de la carne*, a la vez y con no menor fuerza persuasiva, destaca su carácter sacramental y «*carismático*». Con la misma claridad con que ve la situación del hombre respecto de la concupiscencia de la carne, ve también la acción de la gracia en cada hombre –en quien vive en el matrimonio e igualmente en el que ha elegido voluntariamente la continencia– teniendo presente que «pasa la apariencia de este mundo».

Capítulo XXII
MATRIMONIO Y VIRGINIDAD*

1. En mis anteriores reflexiones, analizando el capítulo 7 de la primera Carta a los Corintios, he tratado de captar y comprender las enseñanzas y los consejos que San Pablo da a los destinatarios de su Carta, sobre las cuestiones referentes al matrimonio y a la continencia voluntaria (o sea, la abstención del matrimonio). Afirmando que quien elige el matrimonio «hace bien», pero el que escoge la virginidad «hace mejor», el Apóstol se refiere a la caducidad del mundo, o sea, a todo lo que es temporal.

Es fácil intuir que el motivo de la caducidad y fugacidad de lo temporal tiene, en este caso, más fuerza que la referencia a la realidad del «otro mundo». El Apóstol encuentra cierta dificultad para exponer su pensamiento; sin embargo, podemos descubrir que en la base de la interpretación paulina del tema «matrimonio-virginidad» está no sólo la metafísica misma del ser accidental (y por consiguiente pasajero), sino sobre todo *la teología de una gran esperanza,* de la que Pablo fue entusiasta defensor. El destino eterno del hombre no es el «mundo», sino el reino de Dios. El hombre no debe apegarse demasiado a los bienes del mundo perecedero.

---

* Audiencia general (14-VII-1982).

2. También el matrimonio está ligado a la «escena de este mundo» que pasa; y en esto nos encontramos en cierto sentido, muy cerca de la perspectiva abierta por Cristo en su enunciación sobre la resurrección futura (cfr *Mt* 22, 23-32; *Mc* 12, 18-27; *Lc* 20, 27-40). Por eso el cristiano, según las enseñanzas de Pablo, debe vivir el matrimonio desde el punto de vista de su vocación definitiva. Y, mientras el matrimonio está ligado a la escena de este mundo que pasa y por lo tanto impone, *en un cierto sentido, la necesidad de «encerrarse» en esta caducidad;* la abstención del matrimonio, en cambio, se podría decir que libera de esa necesidad. Precisamente por esto el Apóstol afirma que «hace mejor» quien elige la continencia. Y aunque su argumentación sigue por este camino, sin embargo coloca claramente en primer plano (como hemos constatado ya) sobre todo el problema de «agradar al Señor» y «preocuparse de las cosas del Señor».

3. Se puede admitir que las mismas razones valen para lo que el Apóstol aconseja a las mujeres que se han quedado viudas: «La mujer está ligada por todo el tiempo de vida a su marido; mas una vez que se duerme el marido, queda libre para casarse con quien quiera, pero en el Señor. Más feliz será si permanece así, conforme a mi consejo, pues también creo tener yo el espíritu de Dios» (*1 Cor* 7, 39-40). Así, pues, *permanezca en la viudez en lugar de contraer un nuevo matrimonio.*

4. En lo que descubrimos con una lectura atenta de la Carta a los Corintios (especialmente del cap. 7), aparece todo el realismo de la teología paulina sobre el cuerpo. El Apóstol en la Carta afirma que «vuestro cuerpo es templo del Espíritu Santo, que está en vosotros» (*1 Cor* 6, 19), pero al mismo tiempo es plenamente consciente de la debilidad y de la pecabilidad a las que el hombre está sujeto, precisamente a causa de la concupiscencia de la carne.

Sin embargo, esta conciencia no ofusca en él de modo alguno la realidad del don de Dios, del que participan tanto los que se abstienen del matrimonio como los que toman mujer o marido. En el capítulo 7 de la primera Carta a los Corintios encontramos un claro estímulo a la abstención del matrimonio, la convicción de que «hace mejor» quien opta por ella; sin embargo, no encontramos ningún fundamento para considerar a los casados personas «carnales» y a los que, por motivos religiosos, han elegido la continencia «espirituales». Efectivamente, en uno y en otro modo de vida –hoy diríamos, en una y en otra vocación–, actúa ese «don» que cada uno recibe de Dios, es decir, *la gracia, la cual hace que el cuerpo se convierta en «templo del Espíritu Santo»* y que permanezca tal, así en *la virginidad* (en la continencia), como también en el matrimonio, si el hombre se mantiene fiel al propio don y, en conformidad con su estado, o sea, con la propia vocación, no «deshonra» este «templo del Espíritu Santo», que es su cuerpo.

5. En las enseñanzas de Pablo, contenidas sobre todo en el capítulo 7 de la primera Carta a los Corintios, no encontramos ninguna premisa para lo que más tarde se llamará «maniqueísmo». El Apóstol es plenamente consciente de que –aunque la continencia por el reino de los cielos sea siempre digna de recomendación– la gracia, es decir, «el don propio de Dios» ayuda también a los esposos en esa convivencia, en la cual (según las palabras del *Gen* 2, 24) ellos se unen tan estrechamente que forman «una sola carne». Así, pues, esta *convivencia carnal* está sometida a la potencia del *«don propio de Dios»* que cada uno recibe. El Apóstol escribe sobre esto con el mismo realismo que caracteriza toda su argumentación en el capítulo 7 de esta Carta: «El marido otorgue lo que es debido a la mujer, e igualmente la mujer al marido. La mujer no es dueña de su propio cuerpo: es el marido; e igual-

mente el marido no es dueño de su propio cuerpo: es la mujer» (vv. 3-4).

6. Se puede decir que estas enunciaciones son un comentario claro, por parte del Nuevo Testamento, a las palabras del libro del Génesis (*Gen* 2, 24) que acabo de recordar. Sin embargo, los términos usados aquí, en particular las expresiones «*lo que es debido*» y «*no es dueña (dueño)*» no se pueden explicar prescindiendo de la justa dimensión de la alianza matrimonial, como traté de aclarar cuando analicé los textos del libro del Génesis; procuraré hacerlo más ampliamente aún cuando hable de la sacramentalidad del matrimonio según la Carta a los Efesios (cfr *Ef* 5, 22-23). En su momento, será necesario volver sobre estas expresiones significativas que del vocabulario de San Pablo han pasado a toda la teología del matrimonio.

7. Por ahora, sigamos fijando la atención en las otras frases del mismo párrafo del capítulo 7 de la primera Carta a los Corintios, en el que el Apóstol dirige a los esposos las siguientes palabras: «No os defraudéis uno al otro, a no ser de común acuerdo por algún tiempo, para daros a la oración; y de nuevo volved a vivir como antes a fin de que no os tiente Satanás de incontinencia. Esto os lo digo condescendiendo, no mandando» (*1 Cor* 7, 5-6). Es un texto muy significativo al que habrá que referirse de nuevo en el contexto de las meditaciones sobre otros temas.

En toda su argumentación sobre el matrimonio y la continencia, el Apóstol hace, como Cristo, una clara distinción entre el mandamiento y el consejo evangélico; por eso, es muy significativo el hecho de que sienta la necesidad *de referirse también a la «condescendencia» como a una regla suplementaria*, y esto precisamente sobre todo con *referencia a los esposos* y a su recíproca convivencia. San Pablo dice claramente que tanto la convivencia conyugal como la voluntaria y periódica abstención de los esposos, debe ser fruto de ese «don de Dios» que es «propio» de ellos, y que, cooperando conscientemente con él, los mismos cónyuges pueden mantener y reforzar ese recíproco vínculo personal y al mismo tiempo esa dignidad que el hecho de ser «templo del Espíritu Santo, que está en vosotros» (cfr *1 Cor* 6, 19), confiere a su cuerpo.

8. Parece que la regla paulina de «condescencia» indica la necesidad de tomar en consideración todo lo que, de alguna manera, corresponde al carácter subjetivo tan diferenciado del hombre y de la mujer. Todo lo que en este aspecto subjetivo es de naturaleza no sólo espiritual sino también psico-somática, toda la riqueza subjetiva del hombre –la cual entre su naturaleza espiritual y su naturaleza corporal, se expresa en la sensibilidad específica tanto del hombre como de la mujer–, todo esto debe permanecer *bajo la influencia del don que cada uno recibe de Dios, don* que es *propio* de cada uno.

Como se ve, en el capítulo 7 de la primera Carta a los Corintios, San Pablo interpreta las enseñanzas de Cristo sobre la continencia por el reino de los cielos en esa forma, tan pastoral, que le es característica, con acentos naturalmente muy personales. Él interpreta las enseñanzas sobre la continencia, sobre la virginidad, en línea paralela a la doctrina sobre el matrimonio, conservando el realismo propio de un pastor y, al mismo tiempo, los parámetros que encontramos en el Evangelio, en las palabras del mismo Cristo.

9. En la enunciación paulina se encuentra esa fundamental estructura de la doctrina revelada sobre el hombre que está destinado, también con su cuerpo, a la «vida futura». Esta estructura constituye la base de todas las enseñanzas evangélicas sobre la continencia por el reino de Dios (cfr *Mt* 19, 12); pero al mismo tiempo en ella se

basa también el cumplimiento definitivo (escatológico) de la doctrina evangélica sobre el matrimonio (cfr *Mt* 22, 30; *Mc* 12, 25; *Lc* 20, 36). Estas dos dimensiones de la vocación humana no se oponen entre sí, sino que se complementan. Ambas dan respuesta plena a uno de los interrogantes fundamentales del hombre: el interrogante sobre el significado de «ser cuerpo», es decir, sobre el significado de la masculinidad y feminidad, de ser «en el cuerpo» un hombre o una mujer.

10. Lo que generalmente llamamos teología del cuerpo aparece como algo verdaderamente fundamental y constitutivo *para* toda *la hermenéutica antropológica,* y al mismo tiempo igualmente fundamental para la ética y para *la teología del ethos humano.* En cada uno de estos sectores, hay que tener muy presentes las *palabras de Cristo, en las que Él se remite al «principio»* (cfr *Mt* 19, 4) o al «corazón» como lugar interior y contemporáneamente «histórico» (cfr *Mt* 5, 28) del encuentro con la concupiscencia de la carne; pero hay que tener también bien presentes las palabras con las que Cristo se ha referido a la resurrección para injertar en el mismo inquieto corazón del hombre las primeras semillas de la respuesta al interrogante sobre el significado de ser «carne» en la perspectiva del «otro mundo».

Capítulo XXIII
TEOLOGÍA DEL CUERPO*

1. «También nosotros, que tenemos las primicias del Espíritu, gemimos dentro de nosotros mismos suspirando... la redención de nuestro cuerpo» (*Rom* 8, 23). San Pablo, en la Carta a los Romanos, ve esta «redención del cuerpo» *en una dimensión antropológica* y al mismo tiempo *cósmica*... La creación «está sujeta a la caducidad» (*Rom* 8, 20). Toda la creación visible, todo el cosmos sufre los efectos del pecado del hombre. «La creación entera hasta ahora gime y siente dolores de parto» (*Rom* 8, 22). Y, al mismo tiempo, toda «la creación... está esperando ansiosa la manifestación de los hijos de Dios», «con la esperanza de que también ella será libertada de la servidumbre de la corrupción para participar en la libertad de la gloria de los hijos de Dios» (*Rom* 8, 19. 20-21).

2. La redención del cuerpo es, según San Pablo, objeto de esperanza. Una esperanza que ha arraigado en el corazón del hombre, en cierto sentido, inmediatamente después del primer pecado. Basta recordar las palabras del libro del Génesis a las que tradicionalmente se llama «proto-Evangelio» (cfr *Gen* 3, 15) y que por consiguiente son, podríamos decir, algo así como el comienzo de la Buena Nueva, el primer anuncio de la salvación. Según el

---

* Audiencia general (21-VII-1982).

texto de la Carta a los Romanos, la redención del cuerpo va unida precisamente a esta esperanza, en la que –como leemos– «hemos sido salvados» (*Rom* 8, 24) . *Mediante la esperanza*, que se remonta a los mismos comienzos del hombre, la redención del cuerpo tiene su dimensión antropológica: es la redención del hombre. Y ésta se irradia, al mismo tiempo, en cierto sentido, sobre toda la creación, la cual desde el principio ha sido vinculada de modo especial al hombre y subordinada a él (cfr *Gén* 1, 28-30). La redención del cuerpo es, pues, la redención del mundo: tiene una dimensión cósmica.

3. Al presentar en la Carta a los Romanos la imagen «cósmica» de la redención, Pablo de Tarso pone al hombre en el centro de la misma, igual que ya «en el principio» el hombre había sido colocado en el centro mismo de la imagen de la creación. Es precisamente el hombre, son los hombres, quienes poseen «las primicias del Espíritu», quienes gimen interiormente, esperando la redención de su cuerpo (cfr *Rom* 8, 23). Cristo, que ha venido para revelar plenamente el hombre al hombre, dándole a conocer su altísima vocación (cfr *Gaudium et spes*, 22), *habla* en el Evangelio de la *misma profundidad divina del misterio de la redención*, que precisamente en el hombre tiene su específico sujeto «histórico». Así, pues, Cristo habla en nombre de esa esperanza, que fue insertada en el corazón del hombre ya en el «proto-Evangelio». Cristo da cumplimiento a esa esperanza, no sólo con las palabras contenidas en sus enseñanzas, sino sobre todo con el testimonio de su muerte y resurrección. Por lo mismo, la redención del cuerpo se ha realizado ya en Cristo. En Él ha quedado *confirmada* esa *esperanza*, con la cual nosotros «hemos sido salvados». Y, al mismo tiempo, esa esperanza ha sido *proyectada de nuevo* hacia su definitivo cumplimiento escatológico. «La revelación de los hijos de Dios» en Cristo ha sido definitivamente orientada hacia

esa «libertad y gloria» de las que deben participar definitivamente los «hijos de Dios».

4. Para comprender todo lo que comporta «la redención del cuerpo», según la Carta de Pablo a los Romanos, es necesaria una auténtica teología del cuerpo. He tratado de construirla tomando como base ante todo las palabras de Cristo. Los elementos constitutivos de la teología del cuerpo se encuentran en lo que Cristo dice, remitiéndose al «principio», en la respuesta a la pregunta sobre la indisolubilidad del matrimonio (cfr *Mt* 19, 8); en lo que dice sobre la concupiscencia, refiriéndose al corazón humano, en el sermón de la montaña (cfr *Mt* 5, 28); y también en lo que dice sobre la resurrección (cfr *Mt* 22, 30). Cada uno de estos enunciados encierra en sí un rico contenido de naturaleza tanto antropológica, como ética. Cristo habla al hombre, y habla del hombre: del hombre que es «cuerpo», y que ha sido creado varón o mujer a imagen y semejanza de Dios; habla del hombre, cuyo corazón está sometido a la concupiscencia; y finalmente habla del hombre ante el cual se abre la perspectiva escatológica de la resurrección del cuerpo.

El «cuerpo» significa (según el libro del Génesis) el aspecto visible del hombre y su pertenencia al mundo visible. Para San Pablo no sólo significa esta pertenencia, sino a veces también la alienación del hombre del influjo del Espíritu de Dios. Uno y otro significado están relacionados con la «redención del cuerpo».

5. Puesto que, en los textos anteriormente analizados, Cristo habla de la profundidad divina del misterio de la redención, *sus palabras están en relación* precisamente con esa *esperanza,* de la que se habla en la Carta a los Romanos. «La redención del cuerpo» según el Apóstol es, en definitiva, lo que nosotros «esperamos». Así, esperamos precisamente la *victoria* escatológica *sobre la muerte* de la

que Cristo dio testimonio principalmente con su resurrección. A la luz del misterio pascual, las palabras del Señor sobre la resurrección de los cuerpos y sobre la realidad del «otro mundo», registradas en los Sinópticos, han adquirido su plena elocuencia. Tanto Cristo, como luego Pablo de Tarso, han proclamado la llamada a la abstención del matrimonio «por el reino de los cielos» precisamente en nombre de esta realidad escatológica.

6. Sin embargo, la «redención del cuerpo» se expresa no sólo a través de la resurrección en cuanto victoria sobre la muerte. Está también presente en las palabras de Cristo, dirigidas al hombre «histórico», lo mismo cuando confirman el principio de la indisolubilidad del matrimonio, cual principio proveniente del Creador mismo, como cuando –en el sermón de la montaña– el Señor invita a superar la concupiscencia, y ello incluso en los movimientos sólo interiores del corazón humano. Es necesario decir que ambos enunciados-clave se refieren a la *moralidad humana*, tienen un *sentido ético*. Aquí se trata no de la esperanza escatológica de la resurrección, sino de la esperanza *de la victoria sobre el pecado*, a la que podemos llamar esperanza de cada día.

7. En la vida cotidiana el hombre debe sacar del misterio de la redención del cuerpo la inspiración y la fuerza para superar el mal que está adormecido en él bajo la forma de la triple concupiscencia. El hombre y la mujer, unidos en matrimonio, han de iniciar cada día la aventura de la indisoluble unión de esa alianza que han establecido entre ellos. Pero también el hombre y la mujer, que han escogido voluntariamente la continencia por el reino de los cielos, deben dar diariamente testimonio vivo de la fidelidad a esa opción acogiendo las orientaciones de Cristo en el Evangelio, y las del Apóstol Pablo en la primera Carta a los Corintios. En todo caso se trata de la *es-*

peranza de cada día que, en consonancia con los deberes comunes y las dificultades de la vida humana, ayuda a vencer «al mal con el bien» (*Rom* 12, 21). Efectivamente, «en la esperanza hemos sido salvados»: la esperanza de cada día expresa su fuerza en las obras humanas e incluso en los movimientos mismos del corazón humano abriendo camino, en cierto sentido, a la gran esperanza escatológica ligada a la redención del cuerpo.

8. Penetrando en la vida diaria con la dimensión de la moral humana, la redención del cuerpo ayuda, en primer lugar, *a descubrir todo ese bien con el que el hombre logra la victoria sobre el pecado* y sobre la concupiscencia. Las palabras de Cristo, que traen su origen de la profundidad divina del misterio de la redención, permiten descubrir y reforzar esa vinculación que existe entre la dignidad del ser humano (del hombre y de la mujer) y el significado nupcial de su cuerpo. Permiten comprender y realizar en la práctica, según ese significado, la libertad plena del don, que de una forma se expresa a través del matrimonio indisoluble, y de otra forma se expresa mediante la abstención del matrimonio por el reino de los cielos. A través de estos caminos diversos Cristo revela plenamente el hombre al hombre, dándole a conocer «su altísima vocación». Esta vocación se halla inscrita en el hombre según todo su *compositum* psico-físico, precisamente mediante el misterio de la redención del cuerpo.

Todo lo que he querido decir en el curso de nuestras meditaciones, para comprender las palabras de Cristo, tiene su fundamento definitivo en el misterio de la redención del cuerpo.

ÍNDICE

153

ÍNDICE

LIBROS Palabra

Colección dirigida especialmente a quienes se interesan por las cuestiones de fondo de la Iglesia

M. Thurian, A. Vanhoye y A. Scola. Prólogo de Mons. Agustín García Gasco (2ª edición).

21. **SACERDOTES SECULARES, HOY,** de Ramiro Pellitero. Prólogo de Mons. Manuel Ureña.

22. **CREO EN LA IGLESIA.** *Catequesis sobre el Credo (IV),* de Juan Pablo II. Prólogo de Mons. Elías Yanes (2ª edición).

23. **LA VIRGEN MARÍA.** *Catequesis sobre el Credo (V),* de Juan Pablo II. Prólogo del Card. Francisco Álvarez (3ª edición).

24. **SECTAS SATÁNICAS Y FE CRISTIANA,** de A. Scola, G. Ferrari, A. Porcarelli, E. Fizzoti, L. Musti, M. Moronta. Prólogo de Julián García Hernando.

25. **MATRIMONIO, AMOR Y FECUNDIDAD.** *Teología del cuerpo, IV,* de Juan Pablo II. Prólogo de Antonio Miralles (3ª edición).

27. **AVANZAR EN TEOLOGÍA.** *Presupuestos y horizontes del trabajo teológico,* de Juan Luis Lorda. Prólogo de Lucas F. Mateo Seco.

28. **ABRID LAS PUERTAS AL REDENTOR.** *Catequesis del año santo de la Redención,* de Juan Pablo II. Prólogo de Mons. José Delicado Baeza.

30. **EL ABORTO PROVOCADO.** *Texto de la declaración de la Congregación para la Doctrina de la Fe y documentos de diversos episcopados.* Introducción del Card. J. Ratzinger. Prólogo de Mons. Juan Antonio Reig (2ª edición).

31. **SOBRE LA ATENCIÓN PASTORAL DE LOS DIVORCIADOS VUELTOS A CASAR.** *Documentos de la Congregación para la Doctrina de la Fe.* Introducción del Card. J. Ratzinger. Comentarios de D. Tettamanzi, M. F. Pompedda, A. Rodríguez Luño, P. G. Marcuzzi y G. Pelland. Prólogo del Card. Tarcisio Bertone (3ª edición).

32. **CREO EN LA VIDA ETERNA.** *Catequesis sobre el Credo (VI),* de Juan Pablo II. Prólogo del Card. Antonio María Rouco Varela (2ª edición).

33. **EL PRESBÍTERO ANTE EL TERCER MILENIO CRISTIANO.** *Documentos de la Congregación para el clero.* Prólogo del Card. Darío Castrillón Hoyos (2ª edición).

34. **¿QUÉ SIGNIFICA MARÍA PARA NOSOTROS, LOS CRISTIANOS?** *Reflexiones sobre el capítulo mariológico de la*

www.palabra.es
Telfs.: (34) 91 350 77 20 - (34) 91 350 77 39
comercial@palabra.es